AF383646

DE LA

# PUISSANCE MARITALE

## En Droit Romain et en Droit Français

---

## THÈSE POUR LE DOCTORAT

Soutenue le 17 Juillet 1876
devant la Faculté de Droit de Paris,

PAR

### Gustave SALLANTIN

Avocat à la Cour d'appel,
Attaché de 1re classe au Ministère de la Justice.

---

PARIS

IMPRIMÉ PAR CHARLES NOBLET

18, RUE SOUFFLOT, 18

1876

# DE LA PUISSANCE MARITALE

———

## AVANT-PROPOS.

Nous n'avons point la prétention de retracer dans cette étude un tableau de la puissance maritale dans tous ses développements et sous tous ses aspects chez les différents peuples. Nous ne remonterons ni à l'Orient, ni à la Grèce, ni à la Judée. Notre étude historique se bornera aux deux législations d'où est sorti notre droit moderne, la loi romaine et les coutumes germaniques. C'est de ces deux éléments que, sous l'influence directrice du Christianisme, les institutions françaises se sont dégagées, et ont abouti finalement à une théorie réellement propre et originale, la législation du Code civil.

Quant au sujet lui-même que nous avons abordé, nous avons été forcé par l'étendue de la matière de limiter notre point de vue. C'est principalement dans les rapports personnels des époux

que nous envisagerons la puissance maritale. Aussi
bien, c'est surtout dans les droits du mari sur la
personne de la femme, sur sa personne corporelle comme sur sa volonté, sur ses actes, que la
puissance maritale existe; les droits sur les biens
sont plutôt des attributs, des priviléges attachés
à cette puissance que la puissance même.

Nous ne négligerons point d'ailleurs d'examiner
ce qui, soit dans le régime des biens matrimoniaux, soit dans les institutions civiles et publiques, soit dans les mœurs, contribue à fortifier ou
à restreindre la puissance maritale.

Notre travail se trouvera divisé en deux grandes
parties : une partie surtout historique, celle des
origines de notre droit moderne; une partie théo-
rique et pratique, celle où nous traiterons de la
législation actuelle.

# DROIT ANCIEN

# DROIT ROMAIN

La législation romaine sur l'autorité maritale peut se diviser en deux parties, qui correspondent à deux périodes de la puissance politique, à deux époques de la civilisation de Rome. Sous le nom d'*ancien droit*, nous comprendrons le droit qui a été pratiqué sous les Rois et sous la République. Rigoureux et arbitraire, mais dominé par des idées élevées, concis dans la forme et déduit avec une logique implacable, le droit ancien se maintint tant que le peuple romain fut environné d'ennemis, et astreint à une vie pauvre et rude; mais il se modifia, s'adoucit et s'effaça à mesure que les conquêtes firent affluer dans la capitale du monde les richesses, le luxe, la corruption, et que les lettres et la philosophie ébranlèrent les dogmes antiques. Le *droit impérial* sanctionne les changements que les mœurs ont introduits dans les deux derniers siècles de la République; des jurisconsultes éminents le formulent dans un langáge remarquable de précision et de clarté; puis il se corrompt et est, à son déclin, sensiblement transformé sous l'influence du Christianisme.

## ANCIEN DROIT ROMAIN.

Nous ne chercherons pas à pénétrer quelle a été la condition du mariage dans ces temps fabuleux que l'érudition moderne s'est plu à reculer fort au delà des souvenirs et des conjectures des auteurs anciens. Même en nous renfermant dans les limites de l'histoire, nous rencontrerons bien des incertitudes et des obscurités. Il n'existe sur notre matière qu'un petit nombre de monuments: des fragments des *leges regiæ*, un seul texte de la loi des Douze Tables, et quelques allusions des jurisconsultes postérieurs à l'ancien droit. Il est peu probable d'ailleurs que les monuments législatifs fussent considérables dans ces temps reculés; c'est le fait des législations primitives de reposer sur les mœurs plutôt que sur les lois:

« Moribus antiquis stat res romana virisque. »

Nous devrons donc forcément déduire plus d'une fois les principes de leurs applications, et chercher nos textes dans les œuvres des moralistes et des historiens.

Quoi qu'il en soit, si haut qu'on puisse remonter avec quelque certitude, il semble bien que la monogamie a été seule pratiquée à Rome, et que le divorce n'a pas été prohibé. Le mariage fut pendant longtemps avant tout un acte religieux; dans l'organisation de la cité romaine, c'était en outre un événement politique; enfin, c'était aussi un contrat privé; ce fut ce dernier caractère qui finit par subsister seul.

De bonne heure on distingua deux espèces de mariage, de *justæ nuptiæ :* le mariage avec *conventio in manum*, le mariage sans *conventio in manum*. « Genus enim est uxor : ejus duæ formæ, una matrumfamilias quæ in manum convenerunt, altera earum quæ tantummodo uxores habentur (1). »

A côté des *justæ nuptiæ* subsista l'union libre *sine legibus*, qui finit par recevoir une certaine consécration sous le nom de *concubinatus*. Mais jamais le concubinat n'engendra des rapports d'autorité et de dépendance réciproques : *nec vir, nec uxor*.

Au contraire, la situation respective des deux époux était réglée dans les justes noces; elle va-

______

(1) Cic. *Top.*, c. 3. Cf Gell. XVIII, 6; Serv. *ad Æneid.* XI, 476; Quintil. *Inst.*, V, 10.

riait suivant que le mariage avait été contracté avec ou sans *conventio in manum*. Le mariage avec *manus mariti* et le mariage sans *manus mariti* feront l'objet de deux chapitres distincts ; dans chacun d'eux on examinera comment l'autorité maritale s'établit, quels en sont les effets, et comment elle se dissout.

# CHAPITRE PREMIER.

### DE LA MANUS MARITI.

---

### SECTION I.

#### DE L'ACQUISITION DE LA MANUS.

La *manus* pouvait s'établir de trois manières : « Tum itaque tribus modis in manum conveniebant, usu, farreo, coemptione (1). »

De ces trois modes quel est le plus ancien ? Suivant les uns, c'est la *coemptio*, sorte d'achat de la femme par le mari, première forme de mariage régulier chez beaucoup de peuples primitifs. La *confarreatio*, mariage religieux, ne date peut-être que de l'adoption par les Romains des rites religieux de l'Etrurie (2). C'était la

---

(1) Gaii *Instit.* I, 110. Cf Serv., *in Georg.* I, 31.
(2) Fr. Varron, *De re rustica*, II, 4.

plus auguste, la plus solennelle des noces ; peut-
être réservée de tout temps à la classe patri-
cienne, la *confarreatio* était encore exigée au temps
de Tacite pour les parents de ceux qui briguaient
les fonctions sacerdotales de *flamines majores* et de
rois des sacrifices (1). Le plus grossier des modes
d'acquérir la *manus*, celui auquel recouraient probablement les plébéiens n'ayant pas de *sacellum* domestique ou se mariant sans argent, était l'*usus*.

Suivant d'autres, la forme la plus antique
du mariage serait la *confarreatio*. La *coemptio* et l'*usus*, modes plébéiens introduits par les
mœurs, n'auraient reçu une consécration législa-
tive que depuis la révolution plébéienne accomplie dans le droit privé par l'œuvre des décem-
virs (2).

*Usus.* — L'acquisition de la *manus* par le mari
en possédant sa femme pendant une année était
fondée sur le principe de la sixième Table. « Usus
auctoritas fundi biennium, cæterarum rerum
annus (3). » Cette application de l'usucapion fut admise, soit pour régulariser le concubinat, soit pour
faciliter aux plébéiens, étrangers au droit sacré,
l'accès aux priviléges des justes noces, soit,

<hr>

(1) Tac., *Ann.* IV, 16. Gaii *Instit.* I, 112.
(2) Fustel de Coulanges, *Cité antique*, liv. IV, ch. VIII, p. 404-
407.
(3) Cic., *Top.*, IV, 23.

ce qui est plus conforme aux origines de l'usucapion, pour empêcher les pères de famille de trou-
bler par une intervention trop tardive une union
consacrée par le temps ; on évitait ainsi des re-
vendications scandaleuses qui, dans ces temps
barbares, eussent vite conduit à des querelles san-
glantes. Gaius rattache positivement cette forme
d'acquérir la *manus* aux principes de l'usucapion ; mais il est peu vraisemblable qu'ici le
consentement du père de la femme ne fût pas
nécessaire, et qu'on considérât seulement l'intention de s'approprier chez l'usucapant, sans exiger en aucune façon l'agrément du véritable propriétaire de l'objet usucapé.

En tout cas, il est certain que, si la femme est
*sui juris*, l'usucapion ne peut s'accomplir sans le
consentement de tous les tuteurs (1). La loi des
Douze Tables avait en effet mis la femme en tutelle
à l'abri de l'usucapion. au moins pour ses *res
mancipi* : « (Item olim) mulieris quæ in agnatorum
tutela erat, res mancipi usucapi non poterant ;
præterquam si ab ipsa tutore (auctore) traditæ
essent ; nam ita lege XII Tabularum cau(tum
erat) (2). » Or la *manus* était une *res mancipi* d'après
la règle de Gaius. « Mancipi vero res sunt quæ

(1) Cic., *Pro Flacco*, 34.
(2) Gaii *Instit.* II, 47.

per mancipationem ad alium transferuntur (1). »
Cette exemption de prescription se rattachait
d'ailleurs à la règle générale que Cicéron donne
comme motif de l'intervention des agnats dans
l'acquisition *usu* de la *manus* : « Nihil potest de
legitima tutela sine omnium tutorum auctoritate
deminui. »

La liberté de la femme fut protégée, d'une surprise au moins, depuis la loi des Douze Tables.
Il ne fut plus permis au mari d'acquérir la *manus*
par sa seule volonté ; la femme put s'y opposer en
s'absentant pendant trois nuits du domicile conjugal ; cette interruption de l'usucapion (*usurpatio*)
put être renouvelée chaque année (2). Les juristes
du seizième siècle ont reconstitué ainsi l'article
des Douze Tables : « Mulieris quæ annum matrimonii ergo apud virum remansit, ni trinoctium
ab eo usurpandi ergo absit, usus esto (3). »

*Coemptio.* — La *coemptio* consistait dans une
mancipation en présence de cinq témoins et d'un
porte-balance. «Coemptione in manum conveniunt
per mancipationem, id est per quamdam imagi-
nariam venditionem, adhibitis non minus quam V
testibus civibus romanis puberibus, item libri-
pende (4). »

(1) Gaii *Instit.* II, 22 ; Cf Serv., *ad Æneid.* IV, 103.
(2) Gaii *Instit.* I, 111 ; Gell., *Noct. Att.* III, 2 ; Macrob. *Sa-
turn.* I, 3.
(3) Sigonius, *De antiquo jure populi romani*, I, 9.
(4) Gaii *Instit.* I, 113.

Il intervenait en outre certaines paroles solennelles (1). Un prix ou, dans les derniers temps, un symbole de prix était payé : « Veteri Romanorum lege nubentes mulieres tres ad virum asses ferre solebant : unum quidem, quem in manu tenebant tanquam emendi causa, marito dare ; alium, quem in pede habebant, in foro larium familiarium ponere ; tertium in sacciperio quum condidissent, compito vicinali solebant resignare (2). » Gaius nous déclare que la vente n'était que fictive, *imaginaria venditio*, et trois siècles plus tard Boèce ne parle plus que d'interrogations et de réponses. « Sese in coemendo invicem interrogabant ; vir ita : an sibi mulier materfamilias esse vellet ? Illa respondebat, velle (3). »

Il est constant toutefois, non-seulement par le témoignage de Gaius et de Servius (4), mais par la présence du *libripens* et des cinq témoins, que les formes employées étaient celles de la « mancipatio per æs et libram, » c'est-à-dire de la vente en droit romain primitif, et il est permis d'en induire qu'à l'origine la *coempiio* était une véritable vente. Mais quel était le vendeur ? l'acheteur ?

(1) Cic., *De orat.* I, 56.
(2) Varro ap. Sigonium. *De antiq. jure pop. rom.* I, 9.
(3) Boet. Top. 3
(4) Serv., *ad Æneid.* IV, 103.

l'objet vendu ? Questions obscures que nous ne nous flattons pas d'élucider. Est-ce la femme qui forme l'objet de la vente ? Mais c'est elle qui paie le prix. Est-ce la *manus ?* Il est au moins singulier que la femme achète son asservissement. On a essayé de faire de la *coemptio* une vente de la femme, et on a restitué ainsi la fin de notre paragraphe « ...*esse emente mulierem eo* cujus in manum convenit (1).» Mais Varron, Servius et d'autres nous affirment que la femme payait un prix. L'hypothèse la plus vraisemblable est celle fournie par ces deux auteurs, et qui s'appuie sur le nom même du contrat. La *coemptio* devait être une vente mutuelle, « se maritus et uxor invicem coemebant (2). »

Le caractère qui distingue profondément la *coemptio* romaine du mariage par achat et vente, tel qu'il se pratiquait en Germanie par exemple, c'est que le contrat est passé, non point par le père de la jeune fille, mais par la jeune fille elle-même (3). Comment peut-elle ainsi disposer d'elle-même ?

La femme en tutelle ne peut certainement se soumettre à la *manus* sans l'assistance de ses tuteurs. Cicéron le dit pour la *coemptio*, comme pour

(1) Gaii *Instit.* I, 113, Huschke.
(2) Serv., *ad Georg.* I, 31.
(3) Gaii *Inst.* I, 114, 115, 115 *a*, 115 *b*, 195 *a*.....

l'*usus* (1) ; et en effet, si les *res mancipi* d'une femme *sui juris* ne peuvent être usucapées sans l'assentiment des tuteurs, *a fortiori* leur autorisation est-elle nécessaire pour en opérer l'aliénation directe : « Tutoris auctoritas necessaria est mulieribus... si rem mancipi abalienent (2). »

Si la femme est *alieni juris*, c'est-à-dire en puissance de son *paterfamilias*, comment admettre qu'elle puisse par son seul fait, détruire l'empire absolu et jaloux de son père de famille, rompre tous ses liens d'agnation, porter ailleurs son hérédité, abandonner le foyer, les sacrifices, les mânes et les pénates de sa famille? Il est évident que l'intervention du père était indispensable. Le père joue toujours le rôle d'un *auctor*, « auctor fit, » ainsi que nous l'apprend Papinien : « Occidendi quidem facultatem lex (patri) tribuit eam filiam quam habet in potestate aut eo auctore in manum convenit (3). » Il fallait donc que la *patria potestas* fût détruite par la mancipation de la fille; on sait d'ailleurs qu'une seule mancipation était nécessaire pour opérer l'émancipation de la fille (4).

(1) Cic., *Pro Flacco*, 34.
(2) Ulp. *Fr*. XI, 27.
(3) *Mos. et rom. leg. Collat.* IV, 7 ; Cf Gaii *Inst*. I, 195 a.
(4) Gaii *Instit*. I, 132. Etait-ce une mancipation ou une émancipation? Etait-ce simplement une vente par le père de sa fille, ou bien une véritable émancipation après laquelle la fille contractait elle-même avec l'assistance de son père comme tuteur?

Aussi la *coemptio* fut-elle celui des trois modes de conférer la *munus* qui subsista le plus longtemps ; elle convenait, en effet, aux mœurs de la république en décadence et de l'empire, où l'émancipation des fils et filles avait cessé d'être une peine et était devenue un usage fort répandu ; on comprend dès lors que Gaius parle encore au présent de la *coemptio* (1). La *coemptio* ne servit pas, au reste, uniquement à établir l'autorité maritale ; détournée de son but primitif par des jurisconsultes formalistes, elle put être faite à un autre que le mari (2), et fut employée pour affranchir les femmes de la tutelle perpétuelle de leurs agnats.

*Confarreatio.* — C'était un sacrifice accompli par un pontife avec l'assistance des deux conjoints. S'il faut en croire Servius (3), le prêtre officiant devait être le grand pontife ou un flamine de Jupiter. Des libations étaient offertes, du sel brûlé en guise d'encens, et la victime consumée par le feu. Puis les deux époux, assis sur la peau de la brebis immolée (*locati*), la tête couverte d'un voile, consommaient en commun le pain de froment (*panis farreus*) qui donnait son nom à la cérémonie.

Nous inclinerions vers cette dernière opinion, que confirment les textes. La fille est toujours représentée comme agissant elle-même ; le père comme l'assistant seulement en qualité d'*auctor*, terme propre pour l'assistance du tuteur. (Cf Gaii *Inst.* I, 195.

(1) Gaii *Instit*. I, 113.
(2) Gaii *Instit*. I, 114.
(3) Serv., *in Georg*. I, 31.

Des paroles solennelles étaient prononcées (1);
l'assistance de dix témoins était requise (2). Etaient-
ce là tous les rites des *confarreatæ nuptiæ*? Gaius
ajoute : «... complura præterea hujus juris ordi-
nandi gratia... aguntur et fiunt (3). » Nous ren-
controns, en effet, dans les diverses descriptions
de la *confarreatio* d'autres cérémonies signalées. Les
auspices sont consultés (4); des jeunes gens envoyés
par le mari à l'épousée l'arrachent du sein de sa
mère en figurant un enlèvement (5); cinq torches
sont allumées et portées devant elle par de jeunes enfants dont l'un au moins doit être un
*puer patrimus et matrimus*, c'est-à-dire né de
*parentes confarreati* (6); deux autres *pueri patrimi et matrimi* soutiennent sa marche (7), et
un cortége plus ou moins long l'accompagne
jusqu'à la maison du mari. La jeune fiancée avait
la tête couverte du voile appelé *flammeum* (8); elle
ornait de bandelettes et oignait d'huile la porte
de la demeure de son mari (9), puis elle franchis-
sait le seuil sans le toucher des pieds (10). Là, nous

(1) Serv., *ad Æneid.* IV, 374; Dionys. II, 25.
(2) Gaii *Instit.* I, 112.
(3) Gaii *Instit. eod. loco.*
(4) Tac., *Ann.* XI, 27; Serv., *ad Æneid.* IV, 166, 167, 168.
(5) Fest., v° *Rapi*; Valer. Flac , fr. 28 ; Ter., *Andria*, V, 6.
(6) Dionys. II, 25.
(7) Fest., v. *Patrimi.*
(8) Juv. Sat X.
(9) Serv., *ad Æneid.* IV, 458.
(10) Plaut., *Casina*; Plut., *Quæst. Rom.* 29.

dit Varron, « Aqua et igni mariti uxores accipie-
bant (1). » Et cette consécration mystérieuse par
l'eau et le feu était fort importante. « His nova
fit conjux... » nous dit Ovide (2). C'est alors sans
doute que se célébrait le sacrifice de la *confarreatio*, avant qu'on ne procédât au festin animé par
le son lascif du *thalassius*, et que la mariée ne fût
conduite avec un cérémonial soigneusement dé-
crit par les poètes et les plus graves auteurs (3),
jusqu'au lit conjugal.

Ces diverses cérémonies et quelques autres sont
indiquées en maints passages, éparses et sans
lien. Faisaient-elles partie du mariage par con-
farréation ? Certainement elles n'avaient aucune
place dans la *conventio in manum* par usucapion ;
nous n'en avons point rencontré d'exemples
dans les récits de *coemptio*. Des trois modes de *con-
ventiones in manum*, la *confarreatio* est le seul auquel ces divers rites, bien d'accord avec la solennité de la religion, puissent être appliqués. Et
c'est en effet à propos des noces avec *confarreatio*
que le Commentateur de l'Enéide rappelle la plupart des traits que nous avons mentionnés.

Il est vrai que plusieurs de ces formalités se re-
trouvent chez Martial, Claudien, etc., à une époque

(1) Varro ap. Serv., *ad Æneid.* IV, 167.
(2) Fast. IV, 792.
(3) Catull., 62, 61 ; Fest., **v. Rapi.**

*Sa.*                              2

où les *confarreatæ nuptiæ* étaient tombées en désuétude et rangées parmi les vieilleries de siècles grossiers, *horrida antiquitas* (1). Nous serions donc porté
à admettre qu'une partie du cérémonial des noces survécut, dans l'usage, au sacrifice religieux ;
mais nous croyons que les *confarreatæ nuptiæ* y
donnèrent naissance.

En effet, nous voyons toujours figurer dans la
*confarreatio*, comme dans les noces elles-mêmes, le
*flammeum*, l'eau et le feu, la consultation des présa-
ges. C'est de l'usage du *flammeum* que dériverait,
suivant Ælius et Cincius, le mot *nuptiæ* : « Nuptias dictas esse (aiunt) Ælius et Cincius, quia flam-
meo caput nubentis obvolvatur, quod antiqui ob-
nubere vocarint (2). » L'expression *confarreatæ
nuptiæ* est employée indifféremment comme syno-
nyme du mot *confarreatio*. Nulle part le sacrifice du
*panis farreus* ne se présente isolé de noces à célébrer. Il est d'ailleurs peu probable qu'à l'époque
reculée où la *confarreatio* était en vigueur, dans
l'organisation profondément religieuse de la cité
et de la famille romaine, un acte aussi important
pour l'une et l'autre que la fondation d'une nouvelle famille ait pu s'accomplir sans sacrifice (3).
Toutes ces raisons donnent à croire que la *confar-*

(1) Tac., *Ann.* IV, 16.
(2) Fest., v° *Nuptias.*
(3) Fustel de Coulanges, *la Cité antique.*

*reatio* n'était que l'une des parties du mariage lui-même, et que par conséquent là tout au moins la *manus* et l'autorité maritale ne sont qu'une seule et même chose.

La *confarreatio* était certainement le mode le plus solennel de célébration. « In sacris, nihil religiosius confarreationis vinculo erat (1). » Il était très-difficile de rompre ce lien étroit ; de même que pour détruire le caractère sacré d'un lieu de sépulture, une cérémonie religieuse, *sacrorum detestatio*, était nécessaire, de même les effets de la *confarreatio* ne pouvaient cesser que par la *diffarreatio*, et les monuments épigraphiques nous parlent d'un « Sacerdos confarreationum et diffarreationum (2). » Ce principe avait d'ailleurs passé dans le droit formaliste « Nihil tam naturale est quam eo genere quidque dissolvere quo colligatum est (3). » Il fallait en outre que le mari eût un *sacellum*, un oratoire privé, et c'est seulement sous l'Empire, dans quelques circonstances exceptionnelles, que ce sacrifice se célèbre dans le temple (4). Les particularités qui contribuèrent à l'abolition des noces avec *confarreatio* ont fait supposer qu'elles étaient réservées aux patriciens, seuls initiés au

---

(1) Plin., *Hist. Nat.* XVIII, 3.
(2) Orelli, n° 2648
(3) Dig., L, XVII, 35.
(4) Sénèque, *Octavie.*

droit religieux. Au moins en fut-il ainsi dans les derniers temps de la République.

## SECTION II.

### DE L'AUTORITÉ MARITALE DANS LES MARIAGES AVEC MANUS.

La *manus* est-elle distincte de l'autorité maritale? Est-ce seulement un régime de biens, ou au contraire est-ce à la fois un régime s'appliquant aux biens et à la personne? est-ce, en un mot, l'autorité maritale elle-même? Telle est la question vivement débattue qui domine cette section.

Si la *manus* se confondait avec l'autorité maritale, il faudrait en conclure qu'elle ne peut appartenir qu'au mari, et que sans *manus* il n'y a point d'autorité maritale. La fausseté des conséquences indique assez le peu de solidité des prémisses.

En effet, la *manus* peut appartenir à un autre que le mari. Le mariage n'émancipe pas le fils de famille; il reste soumis à la puissance de son père; il ne peut exercer de puissance sur un autre, puisqu'il n'a pas puissance sur lui-même. Dans la famille romaine, il n'y a qu'un chef, sur lequel sont concentrées toutes les autorités de la famille; c'est à lui qu'appartient la *manus*, non-seulement sur sa femme, mais sur les épouses de ses fils et de ses petits-fils en puissance.

En second lieu, en dehors de la *manus*, il y a certains droits pour le mari. Le fils *alieni juris* n'est pas un mari en figure : bien que la *manus* soit à son père, il a personnellement certains pouvoirs sur sa femme, tout au moins ceux-là mêmes qui dérivent naturellement de l'état de mariage. La *coemptio* n'avait-elle pas lieu souvent entre personnes déjà mariées ? L'*usurpatio trinoctium* consacre des mariages sans *manus*. Enfin, nous pouvons dès à présent énoncer que, dans les mariages sans *conventio in manum*, le mari n'est point dénué de toute puissance.

Donc la *manus* ne se confond point absolument avec l'autorité maritale. La distinction n'est point seulement un fait; même si l'on admet sans réserve le témoignage de Denys (1), si à une certaine époque tous les mariages ont été célébrés *per confarreationem* et ont entraîné la *manus*, cela n'empêche pas que la famille romaine ne fût déjà constituée et que la *manus* ne pût dès lors être au pouvoir du beau-père de la femme, et non de son mari.

Mais la *manus* ne nous semble pas devoir être réduite à un simple régime des biens matrimoniaux; nous verrons en effet qu'elle entraîne un changement d'état, confère des droits nouveaux de juridiction, de disposition de la tutelle, et pro-

(1) Dion., II, 25.

duit avant tout entre les deux époux une communauté complète de vie aussi bien que de fortune. La *manus* nous paraît donc s'étendre à la personne aussi bien qu'à la fortune de la femme; c'est une autorité maritale plus étendue que celle résultant du mariage sans *manus*.

Devrons-nous maintenant nous préoccuper de distinguer soigneusement, parmi les attributs de l'autorité maritale, ceux dérivant de la *manus*, de ceux qui n'en proviennent pas? Ce point de vue ne serait pas le point de vue vrai. Si la *manus* peut être dévolue à un autre que le mari, c'est parce que l'autorité ne peut appartenir dans la famille romaine qu'à une seule personne, et que, le mariage n'émancipant pas le fils de famille, toutes les autorités de père, de maître, de mari, continuent à se concentrer sur la tête du père de famille. Admettre qu'il y ait dans la famille d'autres autorités, ce serait briser l'unité. Mais parce qu'il a plu à la logique romaine de faire céder l'autorité du mari devant celle du père, il n'en est pas moins vrai que la *manus* est essentiellement une autorité maritale. Ce n'est que par accident qu'elle se trouve aux mains du père; le mari en est le véritable dépositaire. C'est dans le mari que nous en rechercherons les traits, parce que là seulement elle a sa physionomie normale. Si l'on rapproche de ce portrait celui que nous retracerons dans le chapitre suivant de l'autorité du mari dans les unions sans *manus*, on remarquera sans peine que la *manus* conférait des droits sur la personne aussi bien que sur le patrimoine de la femme.

Romulus, rapporte Denys d'Halicarnasse, établit pour les mariages cette loi unique qui contient toutes les autres : « La femme mariée qui s'est unie à l'homme suivant les rites sacrés, partagera avec son mari toutes les choses divines et sacrées : « Γυναῖκα γαμετὴν κατα νόμους ἱερους συνελθοῦσαν ἀνδρὶ κοινωνὸν ἅπαντῶν εἶναι χρημάτων τε καὶ ἱερῶν (1). » Les jurisconsultes ont répété cette définition du mariage à une époque où elle n'était plus qu'un idéal fort éloigné des lois et des mœurs; examinons si elle s'appliquait réellement au droit primitif.

La famille romaine formait un groupe étroitement uni, mais exclusivement isolé. Elle reposait sur la puissance paternelle et, à sa tête, avait un chef unique, le *pater familias*. Tout individu appartenait à une famille et n'appartenait qu'à celle-là. Le culte rendu aux Pénates et aux Lares de la famille, les cérémonies des sacrifices, les formules des prières, les dates des fêtes varient d'une famille à l'autre; les sépulcres sont communs aux seuls membres de la famille; les ancêtres

(1) Dion., II, 25.

de la famille, dont les images sont précieusement conservées, sont l'objet d'une adoration spéciale sous le nom de dieux mânes ; ce n'est pas seulement pour la gloire de sa patrie que le Romain expose sa vie ; il se bat *pro aris et focis*.

Pour entrer dans une nouvelle famille, il faut donc commencer par sortir de la parenté naturelle. « Consuetudo apud antiquos fuit ut qui ad familiam vel gentem transiret prius se abdicaret ab ea in qua fuerat (1). » Cette abdication ne pouvait être volontaire que de la part du chef de famille ; les autres membres ne pouvaient, par leur fait, se soustraire à son autorité ; c'est lui qui pouvait les séparer de la famille par l'émancipation ; tout changement de famille produisait un changement d'état désigné sous le nom de *minima capitis minutio*.

Le mariage par lui-même n'a jamais produit à Rome une *capitis minutio ;* ni le fils, ni la fille ne sont émancipés en se mariant.

Mais la *conventio in manum* fait sortir la fille de sa famille.

Si la fille est *alieni juris*, c'est-à-dire si elle est dans la famille et sous la puissance de son père de famille, est affranchie de cette puissance : « exit e

_____

(1) Serv., *ad Æneid.* II, 156.

patrio jure (1).»Dans le mariage *per coemptionem,* c'est par la mancipation même, qui constitue la cérémonie, ou peut-être par une émancipation préalable, que le lien de puissance est rompu : « quod emancipata esset Cluvio(2).» Aussi voyons-nous la *conventio in manum* de la fille de famille produire la rupture du testament de son père, ce qui a lieu en effet chaque fois que la composition de la famille est modifiée : « Temptatæ deinde estis ut testamentum patris... ruptum diceretur, coemptione facta (a Cluvio) cum uxore (3). »

Si la fille était *sui júris,* elle voyait la famille, dont elle était le chef, s'éteindre par son mariage. « Femina familiæ suæ et caput et finis est. » Le lien d'agnation étant rompu, elle était délivrée de la tutelle des agnats; aussi vit-on à la fin de la République la *coemptio* servir moins au mariage qu'à l'affranchissement de la tutelle légitime (4).

Séparée de sa famille d'origine, la femme entre complétement, par l'effet de la *manus*, dans celle de son mari. Elle y occupe la place d'une fille, *filiæ loco,* suivant tous les auteurs (5). Quelle est

(1) Tac., *Ann.* IV, 16. — Gaii *Inst.* I, 136, « *potestate parentis liberatur.* »
(2) *Turiæ laudatio,* ap. Car. Giraud *Nov. Enchir.*
(3) *Ibidem.*
(4) Gaii *Inst.* I.
(5) Gaii *Inst.* I, 111, 114, 115, 117, II, 139, 159, III, 3, 14, 24 ; Serv., *in Georg.* 1, 34 ; Denys, II, 25.

l'exacte signification de cette expression *filiœ loco* ? Tacite appelle *potestas* (1) le pouvoir du mari sur sa femme *in manu ;* ce pouvoir est-il identique à la puissance paternelle ?

Sur les biens de la femme, les effets produits par la *manus* ou par la *patria potestas* sont les mêmes. Tout le patrimoine que la femme *in manu* avait avant son mariage passe sous la puissance de son mari ; elle n'est propriétaire de rien ; elle acquiert à son mari et non à elle-même. Ses dettes, si elle était *sui juris*, ont été éteintes par la *capitis minutio* (2) au détriment de ses créanciers ; mariée, elle n'oblige pas son mari par ses contrats, car elle ne peut l'appauvrir.

La femme pouvait d'ailleurs, comme la fille de famille, recevoir de son époux un pécule, en jouir, l'augmenter ou le perdre. Ce pécule dut souvent être constitué par le père lui-même à l'époque du mariage de sa fille.

Si la femme, pendant la durée du mariage, n'a d'autre patrimoine que celui du mari, elle a, en cas de survie, les droits d'une fille en puissance sur l'hérédité de son mari. *Heres sua*, elle recueille dans sa succession *ab intestat* une part d'enfant ; elle ne peut être exclue de l'hérédité testamentaire que par la volonté expresse du testateur. Il est vrai

(1) Tac., *Ann.* IV, 16.
(2) Gaii *Inst.* III, 84.

d’ajouter que les filles, à la différence des mâles, peuvent être exhérédées *inter cæteros*, et qu’au moins dans le droit formulaire leur omission n’entraîne pas la rupture du testament, mais leur assure une part virile ou de moitié suivant les cas ; ces tempéraments s’appliquent à l’épouse *in manu* comme aux filles.

Jamais la législation de la République ne restreignit la liberté testamentaire du mari envers sa femme.

La femme étant à Rome en tutelle perpétuelle toutes les fois qu’elle est *sui juris*, ce sont les agnats de son mari décédé qui seront ses tuteurs. Le mari peut lui éviter la tutelle légitime par une clause de son testament, soit en lui désignant un tuteur, soit en lui conférant le droit de le choisir elle-même par la disposition suivante : « Titiæ uxori meæ tutoris optionem do (1). »

Le droit de donner un *tutor optivus* appartient uniquement et exclusivement au mari ·ayant sa femme *in manu ;* ce n’est point un attribut de la puissance paternelle, et on peut dire qu’à cet égard la *manus* est plus étendue que la *patria potestas*.

La femme *in manu,* n’ayant pas de propriété, ne peut revendiquer en justice, ni en général exercer les actions (2). Par le même motif, elle ne peut

(1) Gaii *Inst.* I, 150.
(2) *Ibid.* II, 96.

laisser une hérédité *ab intestat* ou testamentaire.

La *manus* confère-t-elle au mari des droits sur la personne de la femme?

On s'est appuyé pour le nier sur deux textes principaux.

On a invoqué d'abord un texte de Gaius qui refuserait au mari le droit d'abandonner en noxe la femme *in manu* coupable d'un fait délictueux. Cet argument a un tort, c'est de reposer sur un texte dont la lecture est fort incertaine. Lachmann restitue ainsi ce passage : « Quod vero ad eas personas quæ in manu mancipiove sunt quotiens aut ex contractu aut ex maleficio earum ageretur, nisi in solidum defendantur (1). » Huschke, au contraire, dans son édition des Institutes de Gaius, lit ainsi : « Quod vero ad eas personas quæ in manu mancipiove sunt, ita jus dicitur, ut cum *ex contractu* earum agatur, nisi ab eo cujus juri subjectæ sint in solidum defendantur, bona quæ earum futura forent si ejus juri subjectæ non essent veneunt : sed cum rescissa capitis deminutione imperio continenti judicio agitur etiam cum ipsa muliere quæ in manu est agi potest (2). » Suivant cette dernière lecture, il n'est nullement question des actions *ex maleficio*, ou plutôt il semble que,

(1) Gaii *Inst.* IV, 80, Ed. Lachmann.
(2) Gaii *Inst.* IV, 80, Ed. Huschke, 1861.

dans ce cas, l'abandon noxal est autorisé. Pour les contrats, l'exception au droit commun consiste dans une rescision de la *capitis minutio ;* or, ne voit-on pas là un de ces moyens inventés par le droit prétorien pour corriger une logique injuste? Il existe en tout cas une singulière analogie entre cette rescision et celle que le droit prétorien avait admise pour les dettes de la femme *in manu* contractées antérieurement au mariage (1).

D'ailleurs, l'argument emprunté à ce texte est d'autant moins probant que de bonne heure l'abandon noxal paraît avoir été réduit aux esclaves et aux fils de famille. Nulle part Gaius ou Paul ne fait allusion à l'abandon noxal d'une fille de famille (2). Ce serait donc à cause de son sexe, et non point parce que le mari n'a pas de droits sur sa personne, que la femme *in manu* ne pourrait pas être abandonnée en noxe.

Un autre texte de Gaius paraît au premier abord plus explicite. Le père de famille gagne par les personnes en sa puissance non-seulement la propriété de tout ce qu'elles acquièrent, mais la possession de tout ce qu'elles possèdent ; or, il n'en est pas ainsi, ou tout au moins la question fait doute pour les personnes soumises à la *manus.*

---

(1) Gaii *Inst.* IV, 38, III, 80.
(2) Gaii *Inst.* IV, 75-79; I, 140. Dig. IX, 4, 33 et 34. Paul, *Sent.* II, XXXI, 7.

« Animo nostro, corpore vel alieno possessio nobis adquiritur. Per eas vero personas quas in manu mancipiove habemus... an possessio adquiratur quæri solet, quia ipsas non possidemus (1). » **Le** texte est certain ; l'explication en est beaucoup plus difficile. En effet, le motif qui semble faire incliner Gaius vers la négative n'est point topique, puisque, suivant Paul, il n'est nullement nécessaire de posséder la personne par laquelle on acquiert la possession : « Nec ad rem pertinet quod ipsum (servum usufructuarium) non possidemus (2). »

En second lieu, l'absence de possession de la femme *in manu* n'est point un trait qui lui est spécial ; il en est absolument de même du fils de famille ; au dire de Paul, son père ne le possède pas : « Nam nec filium quidem possidemus (3). » Donc si la *manus* n'entraîne pas la possession de la femme, il en est de même de la *patria potestas*.

Les deux textes invoqués à l'appui de la thèse que nous combattons nous semblent donc au contraire confirmer celle que nous soutenons. Le mari a des droits sur la personne de sa femme *in manu*, comme le père sur celle de ses enfants en puissance. C'est pour ce motif que le rapt de la

(1) Gaii *Inst.* II, 90.
(2) Dig. XLI, II, 8, Paul.
(3) Dig. *ibid.*

femme donne lieu à l'*actio furti* comme le vol des enfants; c'est par ce motif que le mari peut donner à sa femme *in manu* l'*optionem tutoris ;* c'est par ce motif que le mari ayant la *manus* est investi, ainsi que nous allons le constater, d'un pouvoir de juridiction sur sa femme.

La femme a pour juge de ses fautes celui que ses fautes offensent. C'est lui qui est le maître du châtiment. Les agnats de la femme font toutefois partie de ce tribunal (1). Caton caractérise le pouvoir du mari par les mêmes termes : « Vir quum divortium facit mulieri judex pro censore est ; imperium quod videtur habet (2). » Les peines que pouvait prononcer le mari étaient la répudiation et la mort. Les auteurs indiquent quatre causes de condamnation : l'adultère de la femme, si elle a bu du vin, l'empoisonnement des enfants, le vol des clefs (3). Mais ce n'est point là une limitation peu d'accord avec l'omnipotence du pouvoir domestique à Rome. Tite-Live et Tacite donnent des exemples de condamnations capitales prononcées contre des femmes *in manu* par leurs maris pour des crimes d'ordre public. Il est probable que l'Etat avait cependant dans ce cas le droit d'agir, si le mari n'usait pas de son pouvoir.

(1) Denys, II, 25.
(2) Cato *apud* Gell. *N. Att.*, 13, 10.
(3) Denys, II, 25 ; Val. Max. II, 1 ; Gell. X, 23 ; Plin., *Hist Nat.*, XIV, 14.....

Denys et les auteurs anciens n'ont que des paroles d'admiration pour cette juridiction domestique qui avait l'avantage d'étouffer le scandale. Le mari n'était-il pas préservé par son affection même d'une sévérité excessive? Les mœurs et peut-être même les lois (1) avaient d'ailleurs introduit certaines garanties.

Bien qu'un texte de Caton semble reconnaître au mari le droit de tuer sur le coup la femme surprise en flagrant délit d'adultère (2), il est admis aujourd'hui que, dans tout autre cas, il devait y avoir un jugement, des formes juridiques; que notamment le mari devait(3) s'entourer et prendre conseil des cognats de la femme, probablement jusqu'au sixième degré (4).

La gravité même des peines préservait de condamnations prononcées à la légère. Les dissensions peu sérieuses se terminaient souvent dans le sanctuaire de la déesse Viriplaca sur le mont Palatin (5).

Enfin, depuis l'an de Rome 330, les femmes, comme les fils de famille, comme les clients, comme les esclaves, ont des protecteurs naturels

(1) Dion., II, 25.
(2) Gell. X, 23.
(3) Val. Max. II, ix, 2.
(4) Polyb. VI, T.-L. XXXIX, 18, VI, 12, II, 41. — *Revue hist. de législat.*, 1855, t. I.
(5) Val. Max. II, i, 6.

dans les censeurs. Magistrats de l'équité, défenseurs de l'ordre social encore plus que des lois civiles, avant tout gardiens des bonnes mœurs, les censeurs pouvaient marquer de stigmates et jusqu'à chasser du sénat le *pater familias* qui abusait de son autorité (1).

La sévérité des mœurs antiques explique la dureté des lois. Les Romains des premiers âges étaient pauvres, rudes et grossiers; leurs femmes n'avaient pas les convoitises de luxe qui perdirent la République. Pendant que le citoyen cultivait son champ, ou s'exerçait au champ de Mars, la matrone restait au foyer filant de la laine; elle ne craignait pas la peine de l'adultère, parce qu'elle était pudique et ne vivait que pour son mari « Σωφρονοῦσα καὶ πάντα τῷ γεγαμηκότι πειθομένη (2). » Elle lui restait fidèle même après sa mort, et le convol des veuves était blâmé. La place de la femme était d'ailleurs assez belle dans la maison. Elle s'asseyait à côté du mari au repas (3); elle régnait avec lui sur l'*atrium*, ce sanctuaire de la maison romaine (4). Avant tout et au-dessus de tout, elle participait à ce culte domestique qui faisait la dignité et la force de la famille; elle entretenait le feu du foyer, ce feu

(1) Val. Max. II, ix, 2.
(2) Denys, II, 25.
(3) Val. Max. II, 1.
(4) Plaut. *Asinaria*.

*Sa.*          3

mystérieux et sacré que les Vestales conservaient pour la cité; son mari l'initiait au culte des ancêtres, aux cérémonies et aux prières de sa *gens;* telle était l'importance de la femme dans cette religion domestique qu'un érudit du seizième siècle fait remonter à l'instition du mariage l'origine de cette religion : « Privata sacra jam tum Romulùs videtur constituisse quum uxorem sociam mariti pccuniæ sacrorumque statuit (1). » Dans le culte de la cité, la femme est tellement nécessaire que le *flamen Dialis* sort de charge quand il cesse d'être marié (2).

L'épouse est traitée par les esclaves, comme le maître lui-même, de *domina.* Le mari a accepté cette égalité quand il a été salué, le jour de ses noces, par la jeune fiancée avec ces paroles solennelles : « Ubi tu Gaius, ego Gaia (3). » Après sa mort, il fait en public son oraison funèbre dans un panégyrique appelé *Laudatio*, et il fait inscrire sur son tombeau ces paroles :

SVOM. MAREITVM. CORDE. DILEXIT. SOVO.

DOMVM. SERVAVIT. LANAM. FECIT (4).

(1) Sigon. *De ant. jure pop. rom.* 1, 8. Cf Macrob. I. XV, 22.
(2) Plut , *Quæst. rom.,* 50.
(3) *Ibid.* 30.
(4) Mommsen, *Corp. Inscript.* n° 10007.

## SECTION III.

### DISSOLUTION DE LA MANUS.

La *manus* se dissout par la mort, la *remancipatio*, le divorce.

*Mort.* — La mort détruit la *manus*, en même temps qu'elle dissout le mariage. Le mari survivant ne succède pas à son épouse, puisqu'il était déjà propriétaire de tous les biens communs. La femme survivante succède à son mari comme ses filles, *filiæ loco*. Elle devient *sui juris*, et tombe sous la tutelle des agnats de son mari, à moins que celui-ci ne lui ait désigné un tuteur ou conféré la *tutoris optionem*. En vertu de la règle « Adgnatus proximus tutelam habeto, » elle pourra se trouver la pupille de son fils. Les mœurs et les lois lui font une obligation de porter le deuil pendant un certain temps, plus longtemps que ne le fait aucun parent (1). Celui qui l'épouserait avant l'accomplissement des dix mois de deuil serait frappé d'infamie (2). Aucun devoir semblable n'est imposé au veuf.

Les secondes noces étaient dans la Rome antique presque aussi blâmées qu'elles furent encou-

(1) Pauli *Sent.* 23, 13.
(2) Fragm. Vat. 320, *Edict. prætor.*

ragées dans la Rome impériale. Elles étaient interdites au *flamen* de Jupiter, dernier reste peut-être de la fidélité conjugale poussée jusqu'à l'immolation de la femme sur le bûcher du mari. Mais rien n'établit que cette coutume aryenne ait été jamais pratiquée à Rome, comme elle le fut en Grèce (1) et comme nous la retrouverons en Germanie.

A la mort naturelle était assimilée la mort civile résultant de la *maxima capitis minutio*. Cette déchéance se produisait dans le cas de condamnation à la servitude (*servi pœnœ*). Depuis Numa le père de famille n'eut plus le droit de rompre le mariage de son fils en puissance en le vendant comme esclave.

La captivité chez l'ennemi entraîne aussi la *maxima capitis minutio*. « Dirimitur matrimonium captivitate. » Horace emploie le mot propre dans une ode où il célèbre le dévouement de Régulus :

> Fertur pudicæ conjugis osculum
> Parvosque natos, *ut capitis minor*,
> A se removisse (2)...

Le mariage était également dissous par la

---

(1) Pausanias, IV, 2, 7.
(2) Hor., *od.* III, 5.

*media capitis minutio* qui accompagnait la peine de l'interdiction de l'eau et du feu (1).

La *minima capitis minutio* laissait subsister le mariage, mais détruisait la *manus.*

*Remancipatio.* — C'est le nom de l'acte qui, suivant Ælius Gallus (2), faisait cesserla *manus,* Nous savons toutefois que la *manus* résultant de la *confarreatio* ne pouvait être détruite que par la *diffarreatio,* cérémonie difficile à laquelle les flamines ne consentaient pas volontiers (3).

La *remancipatio* pouvait sei .ir notamment à transformer la *manus,* du père de famille, en une tutelle fidéicommissaire au pr. ît du mari. Elle f  ᵗ d'un grand usage dans ces *coemptiones* fictives que les jurisconsultes avaient imaginées pour affranchir les femmes de la tutelle (4). La femme faisait *coemptio* avec un étranger *fiduciæ causa* (5). Celui-ci la remancipait immédiatement et devenait tuteur comme *manumissor.* Ainsi la femme substituait à la tutelle intéressée des agnats ou du patron une tutelle de son choix (6).

*Divorce.* — Les Romains distinguaient la répu-

(1) Gaii *Inst.* I, 137,
(2) Fest., v° *Remancipatam.* Gaii, *Inst.* I, 137 *a.*
(3) Sext. Pomp., lib. IV.
(4) Cic., *Pro Murena,* 12.
(5) Gaii *Inst.* I, 114.
(6) *Ibid.,* 195.

diation prononcée par l'un des deux conjoints, et le divorce consenti par tous deux.

La répudiation était considérée comme une peine; s'il faut en croire le témoignage de Plutarque, Romulus ne l'avait permise qu'au mari. Elle ne pouvait être prononcée que dans des cas déterminés ; l'assistance des cognats de la femme était exigée au moins par les mœurs (1). Si le mari répudiait sa femme en dehors des causes admises par la loi (c'étaient les causes mêmes pouvant entraîner une condamnation capitale), il était puni de la confiscation; une partie de ses biens était attribuée à sa femme, une autre était consacrée à Cérès. En tout cas, le mari qui répudiait sa femme, même justement, avait à faire des expiations aux dieux mânes (2).

Alors même que l'allégation de Plutarque serait exacte, au temps de Gaius il n'en était plus ainsi. Les droits des deux conjoints étaient devenus les mêmes. Sans doute la femme ne peut seule s'affranchir de la *manus;* mais elle peut, en envoyant à son mari des lettres de répudiation (*repudium, nuntius repudii*), contraindre celui-ci à la remanciper. Et c'est là, nous dit Gaius, un des traits qui distinguent la *manus* de la *patria potestas* (3).

(1) Valère Maxime, II, ix, 2.
(2) Plut., *Romulus*, 22.
(3) Gaii *Instit.* I, 137.

Le divorce par consentement mutuel a existé dès la fin de la République. On a conjecturé avec quelque vraisemblance qu'il devait être décidé devant le tribunal domestique qui en appréciait la justice.

Dans tous les cas, outre la répudiation et le divorce, la *diffarreatio* ou la *remancipatio* étaient nécessaires pour détruire la *manus* (1).

Ces restrictions à la liberté du divorce, la défaveur des secondes noces, et surtout l'union absolue des deux conjoints, ne laissent point de doute sur la rareté des divorces dans les temps antiques où florissait à Rome le mariage avec. *conventio in manum.* Est–il exact que, suivant le témoignage de Servius Sulpicius (2), le premier exemple en ait été le divorce de Carvilius Ruga, survenu en l'an 523 de Rome, sous le consulat de P. Valerius Flaccus et M. Attilius Regulus? La femme de Carvilius Ruga était stérile, et cependant ce divorce fut blâmé : « Qui quanquam tolerabili ratione motus videbatur reprehensione tamen non caruit, quia nec cupiditatem quidem liberorum conjugali fidei præponi debuisse arbitrabantur. » Les fastes consulaires font remonter ce consulat à 520, la date exacte donnée par Valère Maxime et par Denys

(1) Gaii, *Inst.* I, 118. 137.
(2) Gell. *N. Att.* IV, 3, § 2,

d'Halicarnasse (1). Mais Valère Maxime lui-même cite un divorce qui se serait produit vers l'an 447 de Rome (2), et Plutarque fait remonter le divorce de Carvilius Ruga à l'an de Rome 230 (3). Quoi qu'il en soit de ce point historique, la citation même du fait par tant d'auteurs constate une tradition fort vraisemblable. Plus tard même de sévères familles patriciennes conservaient ces principes, et l'époux de Turia se glorifiait d'avoir refusé le divorce à la femme stérile avec laquelle il vivait depuis quarante et un ans (4).

## CHAPITRE II.

### DES MARIAGES SANS CONVENTIO IN MANUM.

—

### SECTION I.

#### CÉLÉBRATION.

Le fils pubère, la fille nubile peuvent avec le consentement de leurs pères de famille contracter mariage par leurs seules volontés. Aucune cérémonie religieuse n'est requise ; aucun acte civil ne constate cette union et ne lui donne un caractère authentique. Le fait, s'il est contesté, se

(1) Val. Max. I, 1 ; Den. II, 25.
(2) Val. Max. II, ix, 2.
(3) Car. Giraud. *Nov. Enchirid Turiæ Laudatio*:
(4) Plut., *Lycurg. et Num. comp.*

prouvera par témoins. Peut-être faut-il, outre le consentement, la *deductio in domum mariti* (1); de là se conservèrent longtemps dans les mœurs quelques rites de l'ancien mariage religieux ; mais ces cérémonies ne sont point exigées par la validité. L'acte qui introduit une étrangère au foyer domestique, et va fonder une nouvelle famille dans l'Etat, le contrat qui crée entre les deux conjoints la société la plus intime et la plus absolue, « individuam vitæ consuetudinem, divini et humani juris communicationem (2), » se passera sans qu'aucun rite religieux en consacre l'accomplissement, sans qu'aucun monument en conserve le souvenir. Le mariage ne différera du *concubinat* que par l'*affectio marita'is*.

Cette union n'apparaît à aucune époque du droit romain sous des auspices favorables. La femme n'a pas le titre honorifique de *mater familias :* elle est seulement *uxor* (3); d'autres disent *uxor gratuita* ou même *uxoris loco ;* ces termes, méprisants pour l'épousée, donneraient à penser qu'elle fut seulement à l'origine une concubine, admise peu à peu par des mœurs relâchées au rang d'épouse légitime.

Le mari ne jouit jamais, sous ce régime, d'une

(1) Dig. XXIII, ii, 5, 6, 7 ; XXIV, i, 66; Paul. II, 19, 8, Fragm. Vat. 96.

(2) Dig. XXIII, ii, 1, *Modestinus.*

(3) Cic., *Top.*, c. 3.

sérieuse autorité domestique. Livré au seul caprice des époux, le lien conjugal fut sans force
comme sans durée, et avec les mariages sans
*conventio in manum* se multiplièrent dans Rome les
adultères et les divorces.

SECTION II.

### AUTORITÉ MARITALE DANS LE MARIAGE SANS CONVENTIO IN MANUM.

La femme, mariée *solo consensu*, ne sort pas
de la puissance de son *paterfamilias* si elle est
*alieni juris*, de la tutelle de ses agnats si elle est
*sui juris* : à aucun titre, elle ne passe sous la puissance de son mari.

L'obéissance et la fidélité qu'elle accorde à son
époux reposent sur sa seule volonté, ou plutôt sur
celle de son père. C'est son père qui est son juge
domestique ; il est vrai qu'il s'entoure des cognats
de la femme ; mais, n'ayant plus à prendre parti
contre un étranger, le mari, les cognats n'offrent
plus la même garantie ; il est probable que le mari
est convoqué à ce tribunal, mais le mari n'est pas le
juge ; où en puiserait-il le droit ? Tite-Live mentionne
d'ailleurs cette différence entre les mariages avec
*manus* et sans *manus* à propos des condamnations
prononcées contre les femmes qui avaient pris
part aux Bacchanales : « Mulieres damnatas co-

gnatis, aut quorum in manu erant, tradiderunt ut ipsi animadverterent in eas (1). » Le père connaît de l'adultère de sa fille aussi bien que de ses autres crimes (2).

Si le mari a concurremment avec le père l'action d'injure dans le cas d'une insulte faite à son épouse, même *non in manu*, c'est en son nom, comme insulté personnellement, et nullement parce que cette action lui serait acquise par sa femme (3).

Le patrimoine de la femme est soustrait à la propriété et même à la disposition du mari ; c'est à son père que profitent ses acquisitions.

Cette situation anormale fit naître la *dos*. Le père fit don à son gendre de certains biens destinés à supporter les charges du mariage. Cette cession fut d'abord irrévocable. « Dotis causa perpetua est et cum voto ejus qui dat ita contrahitur ut semper apud maritum sit (4). » Il était naturel que le mari, privé de la *manus*, fût tout au moins seigneur et maître de la dot, à une époque où le mari jouissant de la *manus* était propriétaire de l'universalité des biens de la femme.

Si la femme était *in tutela*, elle pouvait avoir un patrimoine personnel que l'on désigne sous le

(1) T. L. XXXIX. 18.
(2) *Coll. Mos. et Rom. leg.* IV, 8.
(3) Gaii *Inst.* III, 221.
(4) Dig. XXIII, 3. 1.

nom grec de biens paraphernaux; ce n'était point son beau-père, mais les agnats de sa femme que le mari voyait alors s'ingérer dans l'administration ou tout au moins dans la disposition de biens paraphernaux; mais lui-même n'avait pas le droit de s'immiscer.

Aussi intervient-il sans cesse entre les deux époux, comme entre des étrangers, des conventions pécuniaires. Le plus riche prête au plus pauvre à gros intérêts; l'avare persécute son conjoint dans l'espoir d'une donation ou d'un legs; ces dons ou prêts d'argent couvrent souvent de honteuses transactions. L'époux cupide néglige parfois de recourir aux formalités d'un contrat; mais il est alors poursuivi comme voleur, et puni soit en vertu de la loi Aquilia (1), soit à l'aide de l'*actio rerum amotarum*, transformation sous un nom plus honnête de l'*actio furti* (2).

Au dire des comiques, c'est généralement le mari qui dans ces ménages sans cesse troublés par les querelles et les procès achète la paix par sa faiblesse.

> Patiendum, si quidem, me vivo mea uxor imperium
> [obtinet (3)...
> Uxor quid faciat! in manu mea non est (4).

(1) Dig. IX, ii, 26, § 30.
(2) Dig. XXV, ii, 29.
(3) Plaut. *Casina*.
(4) Ter., *Hecyra*, V, 4.

Le mari sans *manus* n'a donc pas de puissance civile sur la personne de sa femme. Dirons-nous qu'il est dépourvu de toute autorité? Il est bien difficile d'imaginer un mariage dans lequel le mari n'ait pas droit au respect, à l'obéissance; sinon ce serait un pur concubinat. Or il y a dans le mariage sans *manus* un *vir*, une *uxor;* les enfants que la femme met au monde appartiennent au père; l'infidélité de la femme constitue un adultère. Le mari a donc bien évidemment certains droits; il est encore chef de l'union congugale dans une certaine mesure.

SECTION III.

DISSOLUTION DU MARIAGE SANS CONVÉNTIO IN MANUM.

L'autorité maritale est détruite par les causes qui dissolvent le mariage, c'est-à-dire la mort, la *maxima* et la *media capitis minutio*, la répudiation, le divorce. La *minima capitis minutio* ne produit ici aucun effet sur les rapports des époux.

Le divorce a lieu par une simple expression de volonté *mutuo dissensu*, sans *manumissio* ou *diffarreatio*. La répudiation se fait par la formule: *Res tuas tibi habeto;* il ne semble pas que les causes en aient été limitées; les deux époux avaient le même droit. Il n'était nécessaire de recourir à justice qu'en cas d'absence de l'autre conjoint.

La femme en tutelle peut seule consentir **au** divorce, ou envoyer les lettres de répudiation, mais si elle est en puissance, ce n'est pas à elle, c'est à son père qu'appartient ce droit. Il pourra la contraindre à rompre malgré elle un mariage qui lui convient :

> « O dignum facinus! adolescenteis optumas
> Bene convenienteis et concordeis cum viris
> Repente viduas faciet spurcities patris (1)! »

Et si elle s'y refuse, il agira contre le mari par l'interdit *De liberis exhibendis* (2). Cette conséquence logique des principes était certainement une des plus graves atteintes à l'autorité du mari.

Le mari veuf ou le conjoint divorcé peuvent se remarier immédiatement. C'est ainsi que Marcia passe sans transition de Caton d'Utique à Hortensius et retourne ensuite à son premier époux (3). Pompée, pour complaire à Sylla, épouse Emilia encore enceinte (4); Auguste suit son exemple. « Exin Cæsar (Augustus) cupidine formæ, aufert (Liviam) marito incertum an invitam, adeo properus ut, ne spatio quidem ad enitendum dato, penatibus suis gravidam induxerit (5). »

(1) Afran. ap. Nonum.
(2) Dig. XLIII, xxx, 1, § 5, Ulp.
(3) Plut. *Cato Minor*, 25. Ce fait n'était pas si exceptionnel qu'il ne fût prévu au Digeste XXIV, i, 32, § 11.
(4) Plut. *Pompeius*, 9.
(5) Tac., *Ann.* V, 1 ; I, 10.

# DROIT IMPÉRIAL

———

Dans la période dont nous abordons l'étude, les lois sont nombreuses, fréquentes, répétées; les jurisconsultes les plus éminents les commentent savamment; les princes les renforcent sans cesse par leurs rescrits. Mais les mœurs qui ont corrigé puis anéanti la législation primitive, refusent de se soumettre à la loi nouvelle; les remèdes ingénieux qu'on imagine demeurent inefficaces ; les peines terribles qu'on édicte ne sont pas appliquées. L'autorité maritale ne fut jamais plus faible que sous l'empire romain.

D'autre part, le droit se perfectionne sans aucun doute à certains égards; il se simplifie en secouant un formalisme excessif; la liberté de la femme est reconnue et proclamée. Mais ces biens mêmes deviennent des maux par leur exagération; le mariage n'est plus soumis à aucune forme ; la femme devient absolument indépendante, et l'ancien droit se laisse regretter.

Les monuments législatifs qui nous sont parvenus sont malheureusement fort incomplets. Nous ne connaissons les lois antérieures à Théodose et à Justinien que par des fragments épars ; les textes des jurisconsultes ne nous apparaissent dans le Digeste que mis d'accord avec la législation postérieure ; les manuscrits mêmes de Gaius et d'Ulpien sont mutilés ou incertains en plus d'un passage. Il nous faudra, ici encore, souvent induire au lieu de citer. Nous nous efforcerons d'ailleurs d'indiquer les traits généraux en négligeant les détails sans importance. La reproduction de la même division mettra en relief la dissemblance profonde qui existe entre le droit impérial et le droit ancien.

## CHAPITRE PREMIER.

### DE L'ACQUISITION DE L'AUTORITÉ MARITALE.

Sous l'Empire comme sous la République, l'autorité maritale ne peut s'établir que par les justes noces ; le concubinat est incapable de la fonder.

Des deux espèces de justes noces que nous avons

indiquées, celle sans *conventio in manum* fut
la seule qui subsista. Mais examinons d'abord
comment les formes antiques disparurent.

La décadence de la religion nationale, la suppression du culte domestique ne laissaient plus
de sens aux *nuptiæ confarreatæ*. Quelques grandes
familles les retinrent, tant par tradition que pour
ménager à leurs enfants l'accès de dignités sacerdotales, réservées aux enfants nés de parents *confarreati*. Aussi, dès Tibère, le nombre des candi-
dats était-il fort restreint. Ceux-là même qui
réunissaient les conditions nécessaires, se refu-
saient à recourir à la *confarreatio* lorsqu'ils se ma-
riaient, et cependant le droit pontifical exigeait
que le *flamen* et la *flaminica Dialis* fussent mariés
*per confarreationem*. Sur la proposition de Tibère
la loi *Asinia Antistia* maintint les formes de la
*confarreatio* pour les flamines, conserva les conséquences religieuses de cette cérémonie, mais affranchit la femme de tous les effets civils de la
*manus* (1). Le dernier exemple de mariage religieux
que nous ayons rencontré fut celui que Messaline
eut l'impudence de contracter du vivant de son
mari, l'empereur Claude (2); scandale fabuleux
*fabulosum visum iri*, nous dit Tacite, peu fait pour

(1) Tac., *Ann.* IV, 16; Gaii *Inst.* I, 136, Huschke.
(2) Tac., *Ann.* XI, 27; Juv. Sat. X, 329-336.

*Sa.* 4

rétablir le prestige d'une cérémonie que le scepticisme de l'époque avait dépouillée de tout sens.

La *coemptio* n'était plus guère usitée au temps de Gaius que pour rompre la tutelle légitime des agnats; et cette solennité, qui avait été instituée pour soumettre la femme à l'autorité de son mari, servait à l'affranchir de toute dépendance.

L'acquisition de la *manus* par l'*usus* était disparue des mœurs quand elle fut formellement abolie par les lois Julia et Papia Poppœa.

Le mariage *sine manu* subsista longtemps tel que nous l'avons vu sous la République. Aucune cérémonie religieuse, aucune formalité civile ne consacraient ces unions qui reposaient sur le seul consentement.

Quelques rites furent conservés, mais dénués de sens et d'effet. Des augures assistent aux noces, mais ne consultent plus les auspices. « Nuptiis etiam nunc auspicia interponuntur, qui quamvis auspicia petere desierint, ipso tamen nomine veteris consuetudinis vestigia usurpantur (1). » Les érudits tels que Plutarque, Aulu-Gelle, recherchent curieusement la signification des formes antiques chantées encore par quelques poètes.

Auguste tenta de restituer quelque dignité au

______

(1) Valerius ap. Sigoni. *De ant. jure* pop. rom. 1, 9.

mariage en plusieurs passages des lois Juliæ.

Ces lois interdisaient aux sénateurs et à leurs descendants par les mâles le mariage des affranchies, des filles d'artisans et des prostituées. Les ingénus ne devaient pas épouser les prostituées, les affranchies, les entremetteuses et les femmes condamnées pour adultère.

Ces prohibitions et le peu d'effet qu'elles obtinrent indiquent assez à quel degré l'honneur des mariages était déchu. La sanction d'ailleurs n'était pas la nullité de l'union illicite; c'était une peine pécuniaire, qu'on espérait devoir être sensible à l'avarice des Romains, c'était la privation pour les conjoints du *jus capiendi*, c'est-à-dire du droit de recueillir aucun legs l'un de l'autre. Nous aurons lieu de revenir ailleurs sur les lois Juliæ, lois plusieurs fois remises en vigueur par les édits impériaux, parce qu'elles ne furent que peu appliquées.

Il appartenait au Christianisme de restituer au mariage sa majesté, en lui imposant la célébration religieuse. En élevant les noces à la dignité d'un sacrement, la religion nouvelle purifiait l'union de l'homme et de la femme, et préparait le rétablissement de la famille qui, dans la Rome impériale, ne reposait sur aucun fondement. Les paroles de la bénédiction nuptiale rappelaient toutes les générations humaines du passé, et invitaient les nouveaux conjoints à imiter cette chaste fécondité.« Deus Abraham, et Deus Isaac, et Deus Jacob ipse vos conjungat impleatque suam benedictionem in vobis; et ego vos conjungo in nomine Patris et Filii et Spiritus Sancti. »

Léon souscrivit à ce progrès en reconnaissant la célébration du sacrement pour une preuve suffisante, et même pour une condition essentielle de l'existence du mariage (1); en même temps il interdisait la bénédiction de mariages prématurés.

D'autres réformes furent tentées dans le domaine civil pour distinguer le mariage du concubinat. Par la Novelle 88, Justinien imposa la rédaction d'*instrumenta dotalia* aux affranchies qui, après avoir vécu publiquement en concubinage avec leurs patrons, devenaient ensuite leurs épouses légitimes.

La même formalité avait été prescrite aux sénateurs et aux *illustres personæ* par la Nov. 84 (2). Cette novelle admettait comme équivalente la déclaration de vive voix ou par écrit du mariage au

---

(1) Constit. 74. On a vu la proclamation par Justinien du principe introduit par la Novelle 89 de Léon dans un texte du Code (*De nuptiis*, V, IV, 24): « Nisi nuptiarum accedat festivitas » Mais cette interprétation nous paraît abusive et en contradiction avec tous les textes de ce prince, qui ne parle jamais que du « consensus, » de l'*affectio maritalis* comme cause du mariage.

(2) Cap. IV.

*defensor Ecclesiæ*, qui devait en consigner la preuve dans ses archives. La Novelle 117 (1) n'admit plus d'autre mode de preuve de ces unions que l'*instrumentum dotale*.

Enfin, pour prévenir la fraude de certains séducteurs, Justinien déclarait mariée, en légitime mariage, toute femme qui prouverait que son mari lui avait juré sur les saints Évangiles qu'il la prenait pour son épouse.

## CHAPITRE II.

### DE L'ÉTENDUE DE L'AUTORITÉ MARITALE
### SOUS L'EMPIRE.

Nous avons examiné quels étaient sous la République les principes généraux régissant le mariage sans *manus :* quant aux biens, séparation absolue des patrimoines des deux époux; quant aux personnes, maintien de la femme sous la puissance de son père, ou sous la tutelle de ses agnats; en somme, très-faible part d'autorité laissée au mari. Nous diviserons en deux para-

(1) Cap. IV, VI.

graphes l'élude des principales modifications apportées par la législation impériale dans le régime des biens et dans celui des personnes.

## SECTION I.

### DE L'AUTORITÉ MARITALE SUR LES BIENS MATRIMONIAUX.

La première atteinte au principe de la séparation absolue des patrimoines avait été l'institution même de la dot. C'était déjà un premier lien entre les deux patrimoines, mais à l'origine la dot avait été purement et simplement acquise au mari. L'avarice des maris, qui exigea des dots considérables, la fréquence des divorces et des convols conduisirent à restreindre la propriété du mari à la durée du mariage ; ce changement se fit d'abord dans les mœurs, le constituant exigeant du mari une promesse de restitution à la dissolution du mariage (*cautio rei uxoriœ*) ; puis le préteur accorda, même à défaut de stipulation, une action en restitution à la femme, *actio rei uxoriœ*. La réforme passa enfin dans le droit civil, qui admit et régla cette action. Le mari ne *gagna* la dot, c'est-à-dire ne la conserva après le mariage, qu'exceptionnellement, dans le cas où elle avait été constituée par un tiers, sans stipulation de retour, et à la condition que le mariage fût dissous par le prédécès de la femme.

Le droit éventuel de restitution accordé à la femme amena son intervention dans l'administration du bien dotal, bien qui cependant était déclaré appartenir actuellement au mari. De là des querelles, des procès ; de là l'asservissement du mari avare (et c'était le vice dominant des citoyens romains), qu'une menace de divorce faisait trembler pour la dot :

> Ita istæ solent quæ viros subservire
> Sibi postulant, dote fretæ, feroces.

La législation impériale sut remédier à ce mal. La loi *Julia de adulteriis*, édictée probablement sous Auguste, défendit au mari d'aliéner le fonds dotal sans l'assentiment de la femme (1) ; cette loi avait pour but de favoriser les seconds mariages des femmes en leur conservant leur dot. Mais les femmes romaines, passionnées pour le luxe, consentaient assez facilement à des aliénations qu'elles regrettaient ensuite. Justinien acheva, quatre siècles après, la réforme de la loi Julia, en interdisant l'aliénation du fonds dotal, même consentie par la femme ; il exceptait toutefois le cas

(1) Gaii *Inst.* II, 2 ; Paul. *Sent.* II, xxi b, 2.

où la femme aurait donné par deux fois son assentiment dans un certain délai, et suivant une
certaine forme, à la condition que la donation
anténuptiale, faite par le mari, fût suffisante pour
garantir la femme de toute perte (1).

La séparation des patrimoines des conjoints ame-
nait entre époux des conventions peu dignes. La
femme, en particulier, cédait souvent aux obses-
sions de son mari, soit pour souscrire des obligations dans son intérêt, soit pour lui faire des donations. Deux sénatus-consultes furent rendus
pour mettre un terme à de honteux traités de
paix : « Ne concordia pretio conciliari videre-
tur (2). » Des sénatus-consultes d'Auguste et de
Claude disposèrent « ne feminæ pro viris suis intercederent (3). » La prohibition était absolue et s'é-
tendait à toute espèce d'engagement. Elle précéda,
parce qu'elle avait été la plus urgente, la règle
générale édictée par le sénatus-consulte Velléien : « Ne pro ullo fœminæ intercederent (4). » Ce
dernier sénatus-consulte, auquel on donnait spé-
cialement pour motif la faiblesse du sexe, eut notamment pour résultat d'empêcher les femmes

(1) Nov. LXI.
(2) Dig. XXIV, i, 3.
( 3) Dig. XVI, i, 2, princip. Ulp.
(4) Dig. XVI, i, 1, Paul.

mariées de se livrer à des spéculations dange-
reuses sur leurs paraphernaux.

C'est à ce sénatus-consulte qu'on rattache la
défense faite au mari d'hypothéquer le fonds dotal
même avec l'assentiment de la femme, défense
étendue par Justinien à l'aliénation.

Le sénatus-consulte Velléien n'embrassait pas
les donations (1). Jamais le mari n'eut le droit
d'interposer son autorité dans les donations qu'il
pouvait plaire à sa femme de recevoir ou de faire sur
ses propres biens. Mais il fut absolument défendu
aux époux de se faire aucune donation l'un à l'autre, soit directement, soit par personne interposée.
« Moribus apud nos receptum est ne inter virum
et uxorem donationes valerent (2). » Prévenir de
folles prodigalités, indignes d'un amour honnête (3), et mettre un terme à la vénalité des rapports conjugaux, « ne venalicia essent matrimonia (4), » tels sont les motifs indiqués par les
auteurs.

Bientôt des constitutions impériales admet-
taient des exceptions à la règle en faveur des
affranchissements, ou pour permettre au mari
l'accès de certaines dignités de cour, ou enfin dans

(1) Dig. XVI, 1, 4, § 1, Ulp.
(2) Dig. XXIV, 1, 1, Ulp.
(3) Dig. *ibid.*
(4) Dig. *ibid.*, 2, Paul.

le cas de divorce. Les donations à cause de mort n'avaient pas été proscrites : ce fut le point de départ d'une réforme considérable.

Ulpien nous raconte, en effet, que, sous le règne de Septime-Sévère, Caracalla obtint du sénat, par un discours demeuré célèbre, l'adoucissement des anciens principes en matière de donations entre époux. Ce discours (*Oratio de confirmandis donationibus*), commenté par les jurisconsultes comme l'exposé de motifs du sénatus-consulte qu'il provoqua, indique que la mesure s'étend à toute espèce de donations entre époux. Ces donations étaient validées si l'époux donateur décédait sans s'être repenti, c'est-à-dire sans avoir exprimé de volonté contraire. Le sort de la donation demeurait suspendu jusqu'à cette ratification tacite :... « Ut sit ambulatoria voluntas ejus usque ad vitæ supremum exitum (1). » En cas de divorce, la confirmation ou la ratification devait être expresse (2). Dans tous les cas, le mari, pour avoir une action en revendication, devait avoir révoqué dans une certaine forme (3).

Enfin, nous dirons un mot des droits de succession mutuelle des époux. Le droit successoral

(1) Dig. XXIV, 1, 32, Ulp.
(2) Dig., *ibid*. § 3.
(3) Cod. Theod., VIII, xiii. Maritus donationes quas instabiles esse testatur *formata legibus* repetat actione.

était, on le sait, dans l'ancien droit, fondé sur un rapport de puissance ; c'est à ce titre que la femme *in manu* prenait une part d'enfant dans l'hérédité de son mari. La femme *non in manu*, n'étant pas sous la puissance de son époux, ne pouvait rien réclamer à ses héritiers. C'est au droit prétorien, soucieux de faire reposer l'ordre des successions sur les degrés de parenté naturelle, qu'appartient l'honneur d'avoir appelé la femme *non in manu* à la succession de son époux. Comme tous les successeurs du droit prétorien, elle ne fut pas héritière, mais simple *bonorum possessor*.

Le rang que le préteur lui assigne après tous les parents du patron et des enfants du patron, avant les cognats du *manumissor* de son mari et avant le fisc (1), prouve que les degrés de la succession prétorienne n'étaient point fondés sur l'affection naturelle, comme on le répète généralement. La femme resta sous Justinien au dernier rang avant le fisc ; elle a encore cette place dans notre Code.

La loi romaine, à la différence de la nôtre, ne connut point de limite à la liberté de tester entre époux. Si les lois caducaires dérogèrent à ce principe, c'était uniquement en vue d'exciter des époux à la procréation. Le droit impérial établit même

_____

(1) Ulp. *Reg*, XXVIII, 7.

une certaine hérédité *ab intestat :* Justinien accorda
à la femme pauvre et sans dot d'abord, dans le cas
de répudiation (1), puis dans le cas de survie (2),
le quart de la succession de son mari. Cette quarte
fut réduite à une part d'enfant s'il y avait plus de
trois enfants (3).

Ainsi, au point de vue des biens, la condition
des mariages sans *manus* fut en somme améliorée
sous l'empire. L'inaliénabilité du fonds dotal, le
sénatus-consulte Velléien furent certainement des
progrès sur la législation antérieure. Le sénatus-
consulte *de confirmandis donationibus* fut peut-être
moins à propos, étant donnée la cupidité des Romains ; mais en théorie, c'était un retour vers le
droit naturel. La quarte du conjoint pauvre
marqua également un progrès trop timide, mais
déjà remarquable. Toutes ces réformes tendirent à
diminuer la distance qui séparait les deux patrimoines, et les rendait complétement étrangers
l'un à l'autre.

(1) Nov. XXII, cap. 18.
(2) Nov. LIII, cap. 6.
(3) Nov. CXVII, cap. 5.

## SECTION II.

### DE L'AUTORITÉ DU MARI SUR LA PERSONNE DE LA FEMME.

Le mariage sans *manus* ne faisait pas entrer l'épouse dans la famille de son mari ; elle restait soumise à la puissance de son père ou à la tutelle de ses agnats.

Cette situation anormale subit quelques modifications.

La puissance du père de famille ne fut pas entamée, excepté dans le droit exorbitant de rompre sans motif le mariage de sa fille. Mais les émancipations se multiplièrent, et la femme mariée fut le plus souvent *sui juris*.

La femme *sui juris* fut peu à peu affranchie de la tutelle légitime des agnats. Les jurisconsultes lui fournirent, dès la république, le moyen de substituer des tuteurs complaisants à ceux que la loi avait chargés de cette responsabilité. Cicéron raillait en ces termes cette transformation de la *coemptio :* « Mulieres omnes propter infirmitatem consilii majores in tutorum potestate esse voluerunt. Hi invenerunt genera tutorum quæ potestate mulierum continerentur (1). » Octave ac-

(1) Cic., *Pro Murena,* 12.

corda, en l'an de Rome 719, à Octavie et à Livie l'exemption de la tutelle, « ut sine tutore suas res administrarent (1). » La loi Papia Poppæa, parmi les primes qu'elle instituait en faveur de la maternité, comprenait l'exemption de la tutelle légitime des agnats ou patrons. Le prince pouvait accorder ce privilége aux femmes qui n'avaient pas le *jus liberorum*. Enfin la loi Claudia supprima la tutelle légitime des femmes ingénues *sui juris* (2). Godefroy, dans son savant commentaire du Code Théodosien, soutint contre Cujas que la loi Claudia avait seulement supprimé la *tutela cessitia*, c'est-à-dire le droit pour les tuteurs perpétuels de céder à un tiers les charges et les profits de la tutelle. L'opinion de Godefroy reposait sur une fausse interprétation d'un texte d'Ulpien (3); mais les Institutes de Gaius (4) donnent pleinement raison à Cujas. Il ne faudrait pas induire de deux constitutions de Constantin (5) et de Léon (6) que la tutelle perpétuelle des femmes ait été rétablie par ces princes. Ils n'abrogèrent la loi Claudia qu'en ce que sa prohibition générale excluait les agnats de la tutelle légitime des femmes même impubères.

(1) Dio Cass., XLIX, 38.
(2) Gaii, *Inst.* I, 157; Ulp. XI, 8.
(3) Ulp , XI, 8.
(4) Gaii *Inst.* I, 157.
(5) Cod. Theod. III, xvii, 11.
(6) Cod. Just., V, xxx, 3.

L'empereur Auguste, effrayé des progrès de la débauche, et en particulier du plus honteux des vices, craignit de voir se dépeupler la Rome impériale. Il imagina, pour y remédier, non-seulement d'encourager les mariages, mais en quelque sorte de prescrire les rapports conjugaux en récompensant les unions fécondes. La loi Papia Poppæa frappait de caducité tous les legs faits à un homme âgé de plus de vingt-cinq et de moins de soixante ans, ou à une femme âgée de plus de vingt ans et de moins de cinquante, qui n'auraient pas eu trois enfants à Rome, quatre en Italie. Cette peine s'appliquait entre conjoints aussi bien qu'entre étrangers; les cognats ayant le droit de se faire des legs ou donations de plus de 1,000 as, en vertu de la loi Cincia, en étaient seuls exempts. Il y avait cependant quelques adoucissements entre époux, puisque le mariage seul donnait à chacun des conjoints le droit de profiter d'une partie du legs fait par l'autre (un dixième en propriété, un tiers en usufruit (1) ; des enfants de précédents mariages permettaient à leur père ou mère de recueillir autant de dixièmes du legs qu'il y avait de ces enfants. Le legs de la dot était affranchi de caducité (2). Mais, si les époux n'a-

(1) Ulp. Reg., XVI, 1 *a*, Huschke.
(2) Ulp., XV ; Fragm. Vat., 294 ; *Coll. leg. Mos. et Rom.* frag. ult.

vaient pas d'enfants de leur union, la femme n'avait pas le complet *jus liberorum*, eût-elle trois enfants d'un précédent mariage; elle n'avait droit qu'à trois dixièmes des libéralités de son mari.

Cette intervention bizarre de la loi dans le mariage fut difficilement acceptée par les mœurs, et dès Tibère on en constatait le peu d'efficacité. Les dispositions des lois caducaires, éludées par les fidéicommis, violées par les princes eux-mêmes (1), furent en vain renforcées par les sénatus-consultes Pégasien, Persicien et Claudien. Constantin abolit formellement les peines portées par Auguste contre les *cælibes* et les *orbi* (2), et Théodose accorda à tout le monde le *jus liberorum* (3).

Il nous a été impossible de ne pas dire un mot des lois caducaires, qui furent certainement une des mesures les plus considérables de l'empire sur le mariage. Il est temps de rentrer dans le cœur de notre sujet en passant en revue les nombreuses lois des empereurs sur l'adultère.

La première fut la loi Julia *De adulteriis*, la loi même qui avait institué l'inaliénabilité du fonds dotal. Cette loi ne distinguait pas, au point de vue de

(1) Dio. Cass., LVI, 3 et 10.
(2) Cod. Theod., VIII, xvi.
(3) Cod. Theod., VIII, xvii, 3.

l'adultère, entre la femme *in manu* et la femme *non in manu* (1).

Le droit de punir l'adultère appartient tout d'abord, non pas au mari, mais au père de la femme, qu'il ait ou non sur elle la *patria potestas*. « Capite secundo legis Juliæ permittitur patri, tam adoptivo quam naturali, adulterum cum filia cujuscumque dignitatis, domi suæ vel generi sui deprehensum, sua manu occidere (2). » Le paragraphe suivant accorde ce droit au père, qui est lui-même soumis à la puissance de son père. Le père de la femme peut donc tuer le complice, et on entend par ce nom non-seulement l'amant de sa fille, mais toute personne ayant favorisé les relations coupables (3). Il faut qu'il le tue *in continenti*. Il peut et doit en outre tuer sa fille; s'il ne tue que le complice, il commet un homicide (4).

Il peut également séquestrer le complice de l'adultère pendant vingt heures (5).

Quant au mari, il n'a que le droit de tuer le complice, et à la double condition que ce soit une

(1) *Coll. leg. Mos. et Rom.*, IV, ii, 2.
(2) Paul, II, xxvi, 1, 2.
(3) Dig. XLVIII, v, 8, 7. C'est encore dans un sens presque aussi étendu que la loi anglaise désigne sous le nom de *correspondent* le complice de l'adultère.
(4) *Coll. leg. Mos. et Rom.*, IV, ii, 5.
(5) Paul, *ibid.*; Dig. XLVIII, v, 25.

*Sa.*                                        5

personne infâme,— que l'adultère ait été commis dans la maison conjugale (1) ; il ne peut tuer sa femme ; toutefois, s'il la tue dans sa colère, il sera puni plus légèrement qu'un homicide ordinaire (2).

Étaient-ce là les seuls restes de l'ancien droit pénal domestique? Et encore, peut-on réellement considérer comme une sentence la mort infligée sans jugement, sans réflexion, *in continenti?* La loi, en déclarant que le père ou le mari avait ce droit de tuer sur le fait, ne voulait-elle pas plutôt exprimer que s'ils le faisaient ils seraient excusés, absous?

Nous ne croyons pas que la loi Julia ait substitué un droit nouveau à l'ancien droit. En effet, Papinien dit formellement que la loi Julia avait confirmé le droit de vie et de mort du père de famille ; qu'elle y avait seulement ajouté, en exigeant l'homicide de sa fille par le père qui avait tué le complice ; elle y avait aussi ajouté, suivant nous, en conférant ce droit de vie et de mort même au père qui avait perdu sa puissance paternelle par la *conventio in manum* de sa fille. Le

(1) Paul, *ibid.*, 3.
(2) *Coll. leg. Mos. et Rom.*, IV, x.

mari perdit certainement le droit de tuer *in continenti* sa femme adultère; nous ne croyons pas qu'il ait perdu ses attributions de juge quand il en est investi par le fait de sa *manus*.

Tacite rapporte, en effet, que, sous le second consulat de Néron, Pomponia Græcina, femme d'un rang élevé (*insignis femina*), fut citée devant le tribunal domestique de son mari Plantius, sous l'inculpation de christianisme, *superstitionis externæ rea*. Elle fut d'ailleurs acquittée (1).

Les mœurs répugnaient dès lors à la juridiction domestique et bientôt l'adultère ne fut puni que suivant le mode institué par la loi Julia *de adulteriis*, pour la poursuite et la condamnation de ce crime.

Cette loi faisait de l'adultère un crime public, dont la poursuite appartenait à toute personne, était populaire (*crimen populare*).

Toutefois, pendant soixante jours le mari a seul le droit d'intenter l'action, parce qu'on espère qu'il sera l'accusateur le plus dangereux (2). Le

______

(1) Tac., *Ann.*, XIII, 32. Ce fait est généralement invoqué par les auteurs qui soutiennent que le droit de vie et de mort appartenait également au mari n'ayant pas la *manus* sur sa femme. Mais il n'est que de 9 ans postérieur aux noces de Messaline et de Silanus; Plantius et Pomponia appartenaient tous deux à de grandes familles, et l'aristocratie romaine conserva longtemps les anciens usages. Rien ne prouve donc que Plantius n'ait pas eu la *manus* sur sa femme.

(2) Dig. XLVIII, v, 2, § 8.

mari n'a pas le droit d'empêcher les poursuites en pardonnant.

Si le mari a retiré quelque profit de l'infidélité de sa femme, ou si, l'ayant surprise en flagrant délit, il ne dénonce pas l'adultère dans les trois jours et conserve néanmoins chez lui la coupable, il commet un *lenocinium*, et il est déchu du *jus mariti*, du droit de préférence accordé à son action, sans préjudice des autres peines.

Mais l'infidélité du mari ne rend pas son action irrecevable (1).

A défaut du mari. le père, et à défaut de ce dernier toute personne peut se porter accusateur. L'action n'est prescrite qu'après cinq ans; la mort de la femme n'y met pas obstacle.

L'action est intentée devant le *præses* ou le *procurator provinciæ*; les peines encourues par la femme sont la relégation dans une île et la confiscation de la moitié de la dot et du tiers des biens ; le complice est puni de la relégation dans une île différente et de la confiscation de la moitié de ses biens.

L'adultère du mari n'est pas puni.

Les lois sur l'adultère ne furent pas lettre morte. Tibère et Caracalla les appliquèrent cruellement, bien qu'ils ne les observassent pas eux-

______

(1) Dig. XLVIII, v, 12, § 5, Ulp.

mêmes (1). Sous Septime-Sévère, plus de trois
mille accusations d'adultère furent portées (2).
Trop d'exemples augustes, sans compter ceux
des dieux, encourageaient ce vice pour que les
mœurs cédassent aux lois. Juvénal, Tacite et
tous les auteurs signalent la prodigieuse corruption des mariages. La sévérité dépassait d'ailleurs toutes bornes quand Sévère et Caracalla
traitaient comme adultères la fiancée et la concubine infidèles.

Constantin, sous l'influence des doctrines chré-
tiennes, améliora la législation de l'adultère.
Le droit d'accusation fut restreint au mari et à
certains parents (3). Le mari eut, pour la première fois, le droit de faire grâce et de reprendre
sa femme, au moins pendant les deux années qui
suivaient la condamnation. La peine de l'adultère de la femme ne fut plus que le fouet et la
clôture dans un monastère. Le droit d'homicide
du père et du mari fut aboli (4).

Justinien rendit au mari la permission de tuer
le complice, mais seulement près trois avertisse-
ments et s'il le surprenait en flagrant délit, soit
dans son propre domicile, soit dans l'habitation de

---

(1) Dio Cass., LXXXVII, 16.
(2) Dio Cass., LXXVI. 16.
(3) Dig. XLVIII, v, 13, § 1, 3, 4.
(4) Cod. Theod., IX, vi, 2 ; Cod. Just., IX, ix, 30.

sa femme, soit dans un lieu public (1). Il édictait aussi certaines dispositions quant aux biens du complice ou de la femme condamnés (2).

Ainsi depuis Constantin, les lois sur le mariage allèrent s'améliorant ; l'édifice artificiel des lois *Juliæ* fut détruit ; des lois plus humaines, plus conformes au droit naturel, furent édictées ; les mœurs d'ailleurs rectifiaient parfois la loi, et on a vu tel régime consensuel des biens entre époux produire les mêmes effets que notre régime de communauté. C'étaient là de rares et belles exceptions. Malgré ces améliorations, le vice inhérent aux mariages sans *manus*, la séparation des patrimoines et des personnes, subsista jusqu'au dernier effondrement de l'empire romain.

## SECTION III.

### DISSOLUTION DU MARIAGE SOUS L'EMPIRE.

La perte de la liberté ou de la cité, le divorce et la mort demeurèrent sous l'Empire comme sous la République les causes de dissolution du mariage et de cessation de l'autorité maritale.

(1) Nov. CXVII, cap. 15.
(2) Nov. CXXXIV, cap. 10.

Les Romains ne connurent point la séparation de corps qui, sans mettre fin au mariage, affranchit cependant les époux de certains de leurs devoirs respectifs et diminue dans une large mesure l'autorité du mari.

*Divorce.* — Le divorce fut sous l'Empire l'une des causes principales du relâchement du lien conjugal et de l'affaiblissement de l'autorité maritale. La législation fit d'abord fausse route, et en instituant des récompenses pécuniaires pour les mariages féconds, la loi Julia excita aux *crebræ mutationes matrimoniorum*, suivant l'énergique expression de Suétone(1). Cette loi en effet prescrivait à la femme divorcée de se remarier dans les dix-huit mois, et n'exigeait aucun intervalle entre la dissolution du premier mariage et la conclusion du second.

Ce mal fut senti par Auguste lui-même, et, s'il faut en croire le témoignage de Suétone, il y mit un frein : « Divortiis modum imposuit. » Il est probable que ce prince prescrivit l'accomplissement de certaines formalités, telles que la présence de sept témoins lors de la prononciation du divorce. Paul déclare en effet que tout divorce accompli sans cette formalité est illégitime, *non*

(1) Suétone, *Aug.*, 34.

*legitimum*, et l'on sait que cette épithète désigne chez les auteurs les actes non conformes aux lois Juliæ (1).

C'était peut-être aussi la même loi qui, recherchant les causes des divorces régulièrement accomplis, punissait la femme de la perte d'une part plus ou moins considérable de sa dot, le mari d'une obligation de restituer la dot plus ou moins promptement, selon que le divorce avait été causé par des fautes plus ou moins graves, « propter mores leviores, graviores (2). »

Enfin la loi Julia privait du droit de répudiation l'esclave affranchie qui avait épousé son patron en justes noces.

Ce ne fut pas d'abord la loi, mais la jurisprudence qui enleva au père de famille le droit de rompre le mariage de sa fille contre le gré de celle-ci. Une constitution de Marc-Aurèle donna aux jurisconsultes l'appui d'un texte; tout en reconnaissant la puissance paternelle, *jus potestatis*, l'empereur, par une erreur de logique que justifiait l'équité, refuse au père toute action en dissolution du mariage si sa fille s'y refuse et que le mariage soit pacifique, *bene concordans* (3). « Et

(1) Dig. XXIV, ii, 35, Cf. Ulp. « Si non secundum legitimam observationem divortium factum sit. »
(2) Ulp. *Reg.*, VI, 11 et 12r
(3) Paul, V, vii, 15; Frgm. Vat., 116.

certo jure utimur ne bene concordantia matrimonia jure potestatis turbentur (1). »

Malgré tout, les divorces furent l'une des plaies
les plus funestes de l'empire romain. Juvénal,
Sénèque, Martial, Tertullien attestent que les répudiations étaient devenues sans nombre :

> Sic fiunt octo mariti
> Quinque per autumnos ; titulo res digna sepulcri !

C'était un moyen commode de sanctionner les
infidélités conjugales. « Nunc in feminis... repudium jam et votum est quasi *matrimonii
fructus* (2). »

Constantin, le premier empereur chrétien, essaya de porter remède à ce fléau. Il n'osa supprimer le divorce que prohibait l'Évangile ; il en restreignit du moins les causes à trois pour chacun
des époux. Il fallait pour que le divorce fût licite
que le mari fût un homicide, un empoisonneur, un
profanateur de sépulture, la femme une adultère,
une empoisonneuse ou une prostituée. La sanction
de cette constitution n'était pas une simple peine
pécuniaire, mais l'interdiction à l'époux coupable
de se remarier ; si c'était la femme qui divorçait

(1) Dig. XLIII, xxx, 1, § ult.
(2) Tertull. *Apolog.*, 6.

sans cause, elle était en outre condamnée à la dé-
portation (1).

Cette loi sévère, qui probablement ne suppri-
mait pas le divorce par consentement mutuel, ne
produisit point de résultats sérieux, et les Pères
de l'Eglise continuèrent de tonner contre ces
maris qui changeaient de femmes comme de vête-
ments : « Τὰς γυναῖκας ὡς ἱμάτια εὐκονώ μετενδυόμενοι ». Théodose et Honorius promulguèrent en 421 une nouvelle constitution qui prouve assez l'impuissance
de celle qu'avait édictée Constantin. Les peines
prononcées un siècle auparavant par Constantin
n'étaient plus infligées qu'aux époux divorçant
sans aucun motif, *solo dissensu*. Les divorces pour
fautes légères n'entraînaient que des peines pécuniaires. Si l'époux contre lequel le divorce était
prononcé était coupable de fautes graves, son
conjoint pouvait se remarier après deux ou cinq
ans (2).

La Novelle 117 prouve qu'en dépit de toutes
les lois les mariages étaient dissous par le seul
consentement ou pour des causes futiles. Justinien interdit le divorce par consentement mutuel, sauf dans un seul cas, « nisi quidam castitatis
concupiscentia hoc fecerint (3), » et il précisa de

(1) Cod. Theod., III, xvi, 1.
(2) *Ibid.*
(3) Nov. CXVII, cap. 10.

nouveau les causes de répudiation : complot contre
l'empereur ;attentat à la vie de l'autre époux;
adultère de la femme ou désertion par elle du domi
cile conjugal ; assistance à des spectacles ou à des
festins contre le gré ou à l'insu du mari; excita-
tion par le mari de sa femme à l'adultère; accusation calomnieuse d'adultère, injure grave par
l'entretien d'une concubine dans la maison conjugale ou hors de la maison conjugale dans la
même ville (1). Ceux qui divorçaient en dehors de
ces causes étaient punis, par la Novelle 134, de la
confiscation de leurs biens et de la réclusion perpétuelle dans un monastère, à moins qu'ils ne
consentissent à se réunir avant l'exécution de la
peine. Cette Novelle mettait expressément sur le
même pied la répudiation injuste et le divorce par
consentement mutuel: «Jubemus præter illas cau-
sas nullo modo repudia fieri, aut per consensum
nuptias solvi. » Mais la Novelle 140, considérant
que « eos si quidem qui violento affectu odioque
semel correpti fuerint perquam est difficile recon-
ciliare, » autorisait de nouveau le divorce par consentement mutuel.

La législation romaine nous a présenté deux
tableaux bien différents, bien opposés de l'autorité maritale.

Dans le droit primitif, la femme est presque

(1) Nov. CXVII, 8, 9, 14.

absorbée dans la personnalité du mari. Sans patrimoine, sans action, sans famille propre, elle est sans défense dans la main de son mari, qui est son maître et son juge. Elle a abdiqué sa personnalité, mais à ce prix elle a acquis une place honorable au foyer de son mari, la participation de sa religion domestique, une part considérable de sa succession. La religion qui a présidé au mariage, la simplicité et la modestie qui y règnent tempèrent le pouvoir souverain du chef et préviennent la révolte. Nous n'avons pu nous empêcher d'une certaine admiration pour l'idée élevée que ces âges grossiers s'étaient faite de la dignité du foyer domestique. Mais la conception de la société conjugale était imparfaite, l'union des deux époux n'était obtenue qu'à la condition de sacrifier l'un des deux; ce n'était pas une union, c'était une unité; la femme n'était rien devant son époux.

Le droit impérial fait contraste avec le droit des XII Tables. La femme reste soumise à l'autorité de sa propre famille; elle a ses biens propres sur lesquels le mari n'exerce aucun contrôle; le seul lien, c'est la dot, bien immobilisé, non susceptible d'accroissement, source de procès et de contestations. Le mariage se rompt aussi facilement qu'il se contracte; la religion ne préside plus au foyer, la corruption et le luxe rendent les mariages rares et les divorces fréquents. Ici la conception juridique du mariage n'est nullement celle d'une société. L'indépendance excessive de la femme fut un plus grand mal que son assujettissement absolu. Le mari désarmé est sans honneur et sans dignité, et la loi est obligée de restreindre encore ses pouvoirs qui ne servent qu'à assouvir son avarice.

Nous avons salué, avec le christianisme, la restauration de la *res divina*, du lien religieux dans le mariage. Et au lieu de l'idolâtrie terrestre du paganisme primitif, c'est une théologie vraiment divine qui va imposer des lois et proposer un idéal à la société conjugale. Ce fut là surtout l'élément bienfaisant qui releva le mariage, et en dirigea les progrès pendant les siècles suivants. Avant d'assister à cette heureuse transformation, il nous faut examiner rapidement les autres sources de notre droit moderne. Quittons les palais de Rome pour pénétrer dans les forêts de la Germanie. Les rapports que nous constaterons entre notre droit moderne et les vieilles lois barbares indiqueront assez la part qu'il faut reconnaître à l'élément germanique dans la civilisation française.

# DROIT GERMANIQUE

L'instabilité résultant d'émigrations fréquentes, d'une propriété mal assise et d'un état de guerre perpétuel, était corrigée en Germanie par une organisation de la famille compacte et solide, mais moins étroite et moins tyrannique que dans l'antique cité romaine. La famille germaine a un chef, mais il n'absorbe pas en lui-même la personnalité des autres membres; son pouvoir, le *mundium*, ne doit pas être confondu avec la *patria potestas* : « Jure Longobardorum filii non sunt in potestate patris, » dit un vieux commentateur d'une loi barbare. Le mot *mundium* est la racine du mot allemand qui signifie aujourd'hui *tutelle* (1); c'est qu'en effet le *mundium* semble avoir été toujours une autorité instituée dans l'intérêt plutôt de ceux qu'il protége que de celui qui l'exerce. Le *mundoaldus* est un gardien, un défenseur ; il a besoin pour faire certains actes de

(1) Vormundschaft.

l'assentiment des autres parents. La plupart de ses priviléges, il les partage avec les autres mâles en état de porter les armes, *schwertmagen*. En un mot, la famille germaine n'est pas une royauté ayant à sa tête un despote; c'est une communauté ayant un chef pour la maintenir unie, la faire respecter et la défendre.

La défense, en effet, était le premier besoin de l'individu dans une société barbare, où les armes étaient la seule carrière ouverte à l'activité d'un homme libre, où la guerre privée était un droit, la vengeance un devoir sacré. « Suscipere tam inimicitias seu patris seu propinqui quam amicitias necesse est (1). » L'inégalité des sexes était la conséquence naturelle d'un tel état de société. L'homme ne reste soumis au *mundium* que jusqu'à ce qu'il soit capable de prendre l'épée; la femme au contraire sera en tutelle pendant sa vie entière. « Nulli mulieri liceat in suæ potestatis arbitrio, id est sine mundio vivere (2). » Si elle achète cette protection par l'abandon de certains droits de succession et de sa part dans le *wehrgeld*, elle est respectée, ses injures seront vengées, elle ne sera pas à la merci de ceux qui manient l'épée.

D'ailleurs la femme a aussi ses priviléges. Le

(1) Tac., *Germ.*, 21.
(2) Rotharis, 205.

Germain professait en général pour le sexe faible
une vénération qui étonnait les contemporains
des lois caducaires : « Inesse quin etiam (mulieribus) sanctum aliquid et providum putant (1). »
L'épouse était pour lui une associée qui parta-
geait réellement sa vie (2). Il lui portait ses bles-
sures et ses doutes ; ses conseils lui paraissaient
inspirés par la Divinité, et il lui demandait des
oracles. C'était une lâcheté d'abuser de sa faiblesse.

Le wehrgeld de la femme est supérieur à celui
de l'homme. « Quia femina cum armis se defen-
dere nequiverit, duplicem compositionem acci-
piat (3). »

La femme nous apparaîtra dans tout le droit
germanique avec ce double caractère de faiblesse
et de grandeur. L'infériorité qui résulte de son
sexe est plutôt un fait, une nécessité des temps
qu'un droit. Aussi, bien que les formes fussent
certainement fort grossières, les mœurs rudes, la
vie agitée, la loi germaine nous paraîtra dans la
matière qui nous occupe plus rapprochée du droit
naturel, plus conforme à la raison que les législations produites par une civilisation plus avancée.

Il ne nous sera pas possible d'entrer dans les

(1) Tac., *Germ.*, 8.
(2) *Ibid.*, 18.
(3) Lex Baiuvar., III, 13.

*Sa.*                                       6

détails des c⸲ ⸲ses coutumes germaniques ; nous cherche.ons à saisir l'ensemble et à mettre en lumière les points principaux.

La monogamie n'était pas en Germanie aussi universellement pratiquée qu'à Rome ; mais le passage même de Tacite, qui nous révèle ce fait, nous montre assez à quel point il était exceptionnel : « Prope soli barbarorum singulis uxoribus contenti sunt, exceptis admodum paucis qui non libidine, sed ob nobilitatem plurimis nuptiis ambiuntur(1). » La loi des Francs Saliens et celle des Alamans parlent d'un *gynécée* et font allusion à la pluralité des femmes. L'histoire des premiers rois francs confirme ce fait. Mais toutes les autres lois, et par conséquent le droit commun de la Germanie, supposent la monogamie.

Le mariage est une véritable vente. Les fiançailles sont appelées dans les Sagas scandinaves un achat de femme, *raup mâli, brâd–raup* (2). Grimm nous atteste que, jusque dans les temps modernes, on a employé en Allemagne pour *se marier* l'expression *ein Weib kaufen* (3), acheter une épouse. Les lois barbares portent partout la trace d'une vente réelle : « Uxorem ducturus *CCC. sol. det parentibus ejus...* Qui viduam du-

(1) Tac. **Germ.**
(2) Vide Gide, *Condition privée de la femme.* p. 233.
(3) J. Grimm., *Deutsche Rechts alterthümer*, p. 420.

cere velit offerat tutori *pretium emptionis ejus,*
hoc est sol. CCC (1). »

Le prix s'appelle *metha* chez les Lombards;
*wittemon*, chez les Burgondes; *mundr*, chez les
Scandinaves; *pretium, dos,* chez les Saxons et les
Wisigoths.

Le prix est payé par le mari à celui des parents
de la femme qui a sur elle le mundium, *mundoaldus.* C'est ainsi qu'au cas de secondes noces, le
second mari devra acheter le mundium des héritiers du premier.

Tacite a bien saisi ce trait, fort remarquable
pour un Romain, que c'est l'homme qui paie pour
se marier; mais il dit que c'est la femme qui re-
çoit : « Dotem non uxor marito, sed uxori maritus offert (2). » Les objets mêmes qui, au dire de
ce grave historien, composent les présents offerts
par le mari, des bœufs, des armes, un cheval ca_
paraçonné, fournissent à l'écrivain une antithèse
brillante, mais indiquent par leur nature qu'ils
ne sont pas destinés à une femme.

D'ailleurs, il est possible que dès le temps de
Tacite le caractère primitif de vénalité se soit
déjà atténué. De bonne heure la coutume s'établit
que le père cédât à sa fille le prix qu'il avait reçu :

(1) Lex Saxon., VI, 1; VII, iii, 4; Cfr. Lex Wisig., III, iv, 2,
7; Lex Burg., XXXIV, 2.
(2) Tac., *Germ.*, 18.

n'était-ce pas justice de l'indemniser de la perte du mundium paternel (1)? Ce prix fixe de la loi saxonne indique un acheminement vers le symbole ; le dernier pas est déjà fait par la loi salique où le prix ne con iste plus que dans trois sous et un denier de bon aloi, « tres solidi et denarius æque pensantes (2). »

Un vieux conteur des coutumes germaniques, Saxon le Grammairien, donne à l'emploi du contrat de vente un motif d'avarice: « Præcepit ne quis uxorem nisi emptitiam duceret. Venalia siquidem connubia plus stabilitatis habitura censebat ; tutiorem matrimonii fidem censebat quod pretio firmaretur (3). » La nécessité de la translation du mundium du père au mari justifie l'emploi du contrat employé habituellement pour la translation des droits ; en outre, le mundium d'une femme était une véritable valeur, non-seulement par les droits qu'il conférait sur ses biens, mais par le droit au wehrgeld.

Si le caractère vénal du mariage est fortement marqué dans les lois qui ont le mieux conservé le droit primitif, s'il en résulte parfois des conséquences grossières (4), on voit figurer dans les lois

(1) Grimm. *D. R. A.*, p. 422.
(2) Canciani, vol. II, p. 476.
(3) Saxo Gramm., lib. V, p 88, ap. Grimm., p. 420.
(4) Aedelberthes Domas, 34, 77 ; Ines Domas, 31.

germaniques la *dot, faderfium* (1), le *douaire*, le *morgengabe*, qui compensent ce que la vente **a** d'humiliant pour la femme. On objectera peut-être que la dot a une origine romaine ; en tout cas la femme peut être propriétaire ; elle n'est pas incapable de posséder comme la *filiafamilias* romaine ; elle a des biens personnels : « Quidquid de sede paterna secum attulit. — Quantum ei pater aut frater in die nuptiarum dedit (2). » Le douaire par lequel la tendre prévoyance du mari assure la situation de la veuve n'avait point été pratiqué à Rome, et on le retrouve dans toutes les lois barbares (3). Le morgengabe, don du matin ou du lendemain, que le mari offre au réveil de la nuit de noces, est un touchant témoignage de délicatesse et de respect. La tendance des Germains, prodigues et épris de leurs femmes, était de se dépouiller pour elles; aussi les lois des rois barbares, à l'inverse de la loi romaine qui use sa prévoyance en faveur de la femme, cherchent-elles en général à imposer des entraves ou des limites à la générosité des maris.

La fixation et le paiement du prix ne sont pas les seules solennités du mariage. D'autres cérémonies

(1) Rotharis, 199.
(2) Lex Alaman., 55 ; Rotharis, 181.
(3) Lex Burg., LXII, 2 ; Lex Saxon., 8 ; Lex Ripuar., 37 ; Lex Alam., 55.

interviennent. En Scandinavie, la fiancée est consacrée au dieu Thor par l'imposition d'un marteau. Chez les Wisigoths, c'est la dation d'un anneau qui consacre les promesses réciproques ; chez les Alamans, c'est un baiser, *osculum* (1). La festucation , l'épée, le soulier , la tunique... et nombre d'autres symboles sont employés ; quelques-uns se rattachent à la religion ; on ne peut point dire cependant que les noces eussent en Germanie le caractère religieux des *nuptiæ confarreatæ*.

Du moins une certaine publicité les accompagne : « Intersunt parentes et propinqui ac munera probant (2). » Cette approbation des conventions matrimoniales par les proches, qu'on appelle *fabulam firmare* (3), n'est-elle pas la source lointaine de l'usage encore pratiqué de présenter le contrat de mariage à la signature de nombreux amis ? Le morgengabe lui-même dut, chez les Lombards, être réglé devant les proches.

Enfin, le mariage n'était peut-être consommé que par la cohabitation des époux. Les lois anglosaxonnes ne privent le fiancé du droit de rompre que lorsqu'il y a eu rapprochement, *si eam tentaverit* (4). N'en verrait-on pas la trace dans la

(1) Lex Wisig., III, 1, 3.
(2) Tac., Germ., 18.
(3) Rotharis, 178.
(4) Ines Domas, 31.

maxime coutumière :« Au coucher femme gagne son douaire » ? Il est d'ailleurs fort difficile de distinguer en droit germanique les fiançailles des noces.

Le mariage émancipe; c'est toujours à son mari, jamais à son père ou à son ascendant, qu'appartient le mundium de la femme; principe remarquable dont la méconnaissance avait produit à Rome de si étranges anomalies.

Le mundium ne passera pas au mari dans quelques cas exceptionnels qui justifient la violation du principe; ainsi le père gardera le mundium de la fille qui s'est mariée sans son consentement. « Si quis filiam alterius non desponsatam acceperit sibi uxorem, si pater ejus eam requirat, reddat eam et cum XL solidis componat (1). » Les enfants sont en la puissance du père de la fille; c'est à lui que le ravisseur devra payer leur wehrgeld, s'ils meurent avant qu'il n'ait acquis le mundium; car il est responsable de leur mort et de celle de la femme. De même, les enfants nés pendant l'enlèvement de la femme légitime appartiennent au mari, car le mundium n'a pas cessé de lui appartenir (2).

A la mort du mari, le mundium de la femme

(1) Lex Alam., 54; Rotharis, 188.
(2) Lex Alam., 51, § 2.

fait partie du patrimoine du mari, et comme tel passe à ses héritiers mâles. La loi lombarde autorise les parents de la femme à le racheter ; elle favorise même ces rachats en n'exigeant que la moitié du prix payé par le mari. C'est ce qu'on appelle *mundium liberare* (1).

Le *mundium* confère au mari, sur la personne de sa femme, une autorité assez analogue à la *manus*. Il peut châtier, tuer ou vendre sa femme. Il paraît que la faculté de vendre sa femme a été conservée en Angleterre longtemps après la désuétude du droit anglo-saxon. Le mari pouvait tuer sa femme s'il la surprenait en flagrant délit d'adultère ; sinon, il devait la chasser de chez lui, et, au dire de Tacite, la poursuivre par les rues en la frappant. *Publicatæ pudicitiæ nulla venia* (2).

Mais la femme n'est pas seule en face de son mari. C'est en présence de ses parents que le mari la chasse si elle est coupable (3).

Le mari peut punir sévèrement la coupable, mais s'il s'est trompé, ou s'il a abusé de son pouvoir, il en devra compte à la famille de la

(1) Rotharis, 199.
(2) Tac., *Germ.*
(3) D'autres textes accordent aux parents de la femme le droit de la défendre si elle est accusée du meurtre de son mari : « Si mulier maritum dicatur veneficio occidisse... proximus mulieris campo innocentem faciat. » Lex Angl. et Werin , 14. — Cfr. Rotharis, 203, Lex Baiuvar , VII, 14, 1, Liutpr., 22.

victime, car la destruction du mundium paternel
n'a pas rompu les liens du sang. « Si maritus
uxorem suam occiderit immerentem, componat
solidos mille ducentos medietatem parentibus.
qui eam ad maritum dederint(1). »

Les droits que le *mundium* confère au mari sur
les biens de la femme sont bien différents de ceux
qui dérivaient de la *manus*.

La femme reste une personne capable d'avoir
des biens et des droits. Sa fortune continue de lui
appartenir ; le mari en a seulement l'administration et la jouissance. De là, on le conçoit, des rapports constants entre les deux patrimoines et, en
fait, une véritable communauté. La preuve en est
dans une nouvelle catégorie de biens matrimoniaux que n'avaient pu produire ni le système de
la *manus* avec un patrimoine unique, ni le régime
séparatiste de la dot avec deux patrimoines isolés.
Ces biens matrimoniaux sur lesquels les deux
époux ont également des droits, parce qu'ils proviennent des deux patrimoines, parce qu'ils ont
été amassés par l'économie et le travail communs,
ce sont les *conquêts*. A la femme en reviendra une
partie, inférieure il est vrai, dans la plupart des
coutumes germaniques, à celle de l'homme, mais
c'est justice ; en effet d'une part le travail de la

(1) Rotharis, 200.

femme est présumé produire moins, et d'autre
part elle n'a contribué au fonds commun que par
la nue-propriété, tandis que le mari apportait et
la pleine propriété de ses propres biens, et l'administration et la jouissance de ceux de sa femme.
C'est ainsi que la loi des Ripuaires accorde à la
femme survivante « tertiam partem de omni re
*quam simul con laboraverint* (1). » D'autres coutumes,
d'ailleurs, attribuent à chacun des époux une part
des conquêts proportionnelle à leurs apports; telle
est la loi wisigothe : « De omnibus augmentis et
profligationibus pariter *conquisitis*, tantam partem
unusquisque obtineat quantam ejus facultatem
fuisse omnimodis sibi debita vel habita possessio
manifestat (2). » Enfin, chez les Westphaliens, c'est
en tout cas la moitié des conquêts auxquels la
femme a droit. « De eo quod vir et mulier simul
*conquisierint*, mulier mediam portionem acci-
piat (3). »

Si la femme abandonne au chef de la société
conjugale l'administration et la jouissance de ses
biens, elle en conserve la propriété. Elle seule peut
consentir à les aliéner. Elle ne peut toutefois les
aliéner seule, parce qu'elle est incapable, parce
qu'il lui faut l'assistance de son tuteur. « Nec ali-

(1) Lex Ripuar., XXXVII, 2 ; Cfr. Capitul., XIV, 8, § 1.
(2) Lex Wisig., IV, ii, 16.
(3) Lex Saxon., IX.

quid de rebus mobilibus aut immobilibus sine voluntate ipsius in cujus potestate fuerit habeat potestatem donandi aut alienandi (1). » Ce tuteur, nous le savons, c'est, pour la femme mariée, son époux. « Maritus est tutor uxoris post desponsationem (2). » La loi lombarde prend ses précautions pour empêcher le mari d'abuser envers sa pupille de son autorité comme époux ; elle appelle à l'acte d'aliénation les parents de la femme pour prendre sa défense comme *advocati :* « Et si in præsentia de ipsis parentibus suis illa mulier violentiam se pati dixerit, non sit stabile quod vendiderit (1). » Cette combinaison de l'indépendance de la femme et de l'intervention du mari comme tuteur et chef, comme détenteur du *mundium*, n'avait pas été imaginée par la loi romaine, qui avait fait successivement le mari maître absolu des affaires de sa femme et absolument étranger à leur conduite. L'habile tempérament pratiqué en Germanie est l'origine de notre autorisation maritale.

L'autorisation d'ester en justice a également sa racine dans le droit germanique. Le *mundium* ne détruisant pas la personnalité civile de ceux qui y sont soumis, les droits qui compètent à la femme

---

(1) Rotharis, 205. Cfr. *supra*, p. 88, note 3.
(2) Sachsensp., III, 45, § 5.
(3) Luitpr., IV, 4.

naissent sur sa tête, lui appartiennent à elle
seule. Mais en Germanie, les contestations judiciaires se vident par les armes, comme toutes les
affaires privées et publiques : « Nihil neque pu-
blicæ, neque privatæ rei nisi armati agunt (1). »
Les procédures se terminent par le duel, et le sort
des armes décide des droits. La femme ne peut
prendre la framée ni le bâton ; il lui faut un champion ; le mari sera son champion, à lui incombera
le devoir, à lui sera réservé le droit de poursuivre
l'action de sa femme. Dans quelques cas exceptionnels, si l'intérêt du mari est en opposition avec
celui de la femme, ou si le mari a manqué sans
raison à son devoir de protection, la femme aura
pour champions ses parents ou même un défenseur de son choix. L'action est donc refusée à la
femme, par suite plutôt d'une incapacité de fait
que d'une incapacité de droit. Cela est si vrai que
dans certaines coutumes la femme a le droit d'accepter le duel et de prendre elle-même les armes
si elle ne préfère prendre un champion.

D'ailleurs la femme et le mari ont chacun leur
part dans l'action ; c'est la femme qui met en mouvement le bras de son époux. Bien que les rôles
ne soient pas les mêmes dans notre Code, cependant nous voyons aussi les deux époux figurer

(1) Tac., *Germ.*, 13.

à l'action ; la femme peut agir elle-même, parce qu'elle n'a plus à tenir l'épée ; le mari n'assiste plus au procès que pour autoriser. A Rome, le mari ne paraissait pas dans les procès intéressant la femme *non in manu ;* il y prenait seul part si sa femme était *in manu.*

Bien plus, la femme figure parfois dans les actes concernant le patrimoine du mari. La famille germanique étant une communauté, une association volontaire, le chef n'agit pas seul ; pour certains actes, il prend l'assentiment de ses parents. La femme, associée et héritière de son époux, aura le droit d'être consultée sur certaines aliénations, et, pendant tout le moyen-âge, on voit presque toujours la femme contresigner les ventes faites par son mari.

Ainsi, les patrimoines des deux époux se confondent, s'emmêlent, agissent l'un sur l'autre, non-seulement par la force des choses, mais par la volonté même de la loi. Leurs personnes sont également unies sans que l'une soit sacrifiée à l'autre.

La femme est la compagne de son mari, soit dans la maison où le Germain passe oisif tout le temps qui n'est pas consacré à la guerre, soit aux autels, dans les fêtes, à la chasse, à la guerre (1). « Memoriæ proditur quasdam

(1) Tac., *Germ.*, 7, 8.

acies, inclinatas jam et labantes, a feminis restitutas, constantia precum, et objectu pectorum, et monstrata cominus captivitate quam longe impatientius feminarum suarum nomine timent (1). » Le Germain est voyageur, mais il transporte partout avec lui tous les siens. La femme est le conseil de son époux; ses avis sont considérés comme inspirés par une sagesse divine. C'est qu'à elle, il lui est permis d'étudier sans déroger ; elle sait tirer les augures et interpréter les runes sacrés.

Le respect que le Germain professait pour la femme semble s'être surtout appliqué à l'épouse capable d'être mère. C'était une tradition apportée des bords de l'Indus, où la multiplication et la conservation de la famille était un devoir sacré qui assurait le repos des âmes des ancêtres. Chez les Thuringiens, les Saliens, les Ripuaires et les Angles, le wehrgeld de la femme est triple dans l'âge de la conception, de celui attribué à l'homme ou à la femme qui ne peut plus avoir d'enfants.

La fidélité la plus stricte, une chasteté inconnue de l'antiquité sont la base de la vénération dont la femme est entourée. On voit, dans les lois barbares, de longs chapitres consacrés aux mœurs; les compositions encourues sont graduées

_______________

(1) Tac., *Germ.* 8; Cfr. Procope *De bell. vandal.*, II, 2.

suivant la gravité des fautes ; ce qui n'eût été que simple badinage à Rome est classé là-bas parmi les crimes. Un simple baiser est puni, en Islande, de l'amende ou de l'exil (1). « Nec corrumpere et corrumpi sæculum vocatur (2). » Les prostituées étrangères sont bannies ou punies de mort, et la même peine est prononcée contre les parents qui vivent de la corruption de leurs filles.

Cette austérité des mœurs favorisait les *severa matrimonia*, les mariages rigides, loués par Tacite. On comprenait sous le nom d'adultère l'infidélité de la fiancée aussi bien que celle de l'épouse ; le même nom est aussi généralement appliqué aux chutes de la veuve ou de la vierge; et cependant les adultères étaient fort rares. « Paucissima in tam numerosa gente adulteria (3). » Les peines de l'adultère sont sévères et promptes. Nous avons mentionné le droit pour le mari de tuer les coupables pris sur le fait; s'il n'en use pas, il a droit à un wehrgeld. La loi des Wisigoths adjuge comme esclaves au mari sa femme et son complice (4). Tacite nous raconte que la femme adultère était traînée nue par les rues, et que son mari la pour-suivait en la frappant de coups. Les lois de

---

(1) Gide, *Condit. de la femme*, p. 240,
(2) Tac., *Germ.*, 69.
(3) Tac., *ibid*.
(4) Lex Wisigoth, III, 6, § 2.

Canut condamnent la femme adultère à avoir les oreilles et le nez coupés. Saint Boniface raconte qu'en Saxe elle devait se pendre de sa propre main, et sur le bûcher, où son corps était réduit en cendres, on brûlait son complice (1).

L'adultère du mari ne restait pas sans punition, comme à Rome. Les parents de la femme pouvaient poursuivre la vengeance de son injure; ils pouvaient réclamer le divorce; ils pouvaient exiger une réparation par les armes ou accepter une composition qui profitait au patrimoine de la femme (2).

La fidélité des époux s'étend quelquefois jusqu'à l'immolation de la veuve : « Quand un guerrier Hérule est mort, sa femme doit, si elle a du courage et si elle veut laisser quelque renom après elle, attacher un lacet auprès du tombeau de son mari et y mourir sans délai (3). » Les Islandais croyaient que la veuve facilitait ainsi à son mari l'accès de l'enfer : « Si l'épouse suit son époux dans la mort, il franchira le seuil de l'enfer sans que la lourde porte retombe sur ses talons (4). » Tacite avance que dans certaines tribus le convol était interdit, et les belles paroles qu'il écrit à ce sujet

(1) Saint Boniface, *Epistola* 19 *ad Ethibaldum.*
(2) Gide, p. 235.
(3) Procope, *De bello goth.*, XI, 14. — Vide, Grimm., *D. R. A.*, 451.
(4) Cité Ozanam, *Les Germains avant le Christianisme*, p. 116.

sont dignes de l'austérité de certains Pères chré-
tiens qui ont poussé le principe de la monogamie
jusqu'à ce point : « Et cum spe votoque uxoris semel transigitur. Sic unum accipiunt maritum
quo modo unum corpus unamque vitam (1). »

Toutefois, pas plus que les autres nations
païennes, les Germains n'ont su élever le principe de l'indissolubilité de l'union conjugale jusqu'à la prohibition du divorce. La femme n'avait
pas le droit de se soustraire à la puissance de l'é-
poux ; si elle l'essayait, elle était noyée dans la
boue, *in luto necetur* (2). C'était une différence avec
le fils qui pouvait rompre le mundium paternel en
brisant le faisceau symbolique, ou en franchissant
d'un bond la clôture du fonds paternel (3). Au contraire, le mari peut certainement répudier son
épouse, sauf le droit qu'ont les parents de celle-ci de
lui en demander compte s'il a agi injustement. C'est
sans doute là le motif pour lequel le mari est puni,
quand il mésuse de son droit, d'une amende de 12
ou 40 solides, outre la perte du mundium. La loi
des Bourguignons lui impose même de payer à la
femme le double du prix du mundium. La femme
conservait le morgengabe, le douaire et tous ses
avantages matrimoniaux. Il semble que, sauf

(1) Tac., *Germ*, 19.
(2) Lex Burg., XXXIV, 3.
(3) Lex Salica, 63, ap. Gide, 227.

*Sa.*                                7

peut-être chez les Alamans, le divorce par consentement mutuel n'ait  été admis. Au reste, cette matière est fort obscure dans les lois barbares ; rédigées par des clercs à l'époque chrétienne, ces lois portent l'empreinte des efforts faits par l'Eglise pour supprimer le divorce.

En résumé, le droit germanique nous a offert plus d'un rapport avec notre droit moderne. Ce que l'autorité maritale a d'excessif et d'oppressif est plutôt l'effet d'un temps grossier, la nécessité d'une société barbare, le résultat d'une vie agitée, qu'une conséquence de la nature même de ce pouvoir. L'essence de l'autorité maritale, c'est la tutelle, l'assistance, la protection de la femme. Les deux époux ont chacun leur personnalité, leur patrimoine, et cependant ils ne sont point isolés l'un de l'autre. Ils agissent conjointement et se prêtent réciproquement conseil et appui. La sévérité des mœurs, la chasteté et la continence assurent le respect de la femme. Ce sont ces germes féconds que le Christianisme recueillit, cultiva et développa. Il sut les combiner avec certains principes salutaires du droit romain. Il parvint, après l'effort de plusieurs siècles, à faire des deux législations une seule loi harmonieuse, en les courbant toutes deux devant la vérité de l'Evangile. Il adoucit le barbare farouche et rajeunit le Romain décrépit. C'est à lui qu'appartient la gloire d'avoir fait triompher le principe de l'indissolubilité de l'union conjugale, et établi entre les époux la véritable égalité en imposant à tous deux les mêmes devoirs de fidélité et de respect. « Il n'y a plus ni Juif ni Grec, ni esclave ni libre, ni homme ni femme, car. vous n'êtes tous qu'un en Jésus, » avait dit l'apôtre (1). L'amour devint un devoir pour l'époux comme pour l'épouse: « Maris, aimez vos femmes comme le Christ a aimé son Eglise en sacrifiant sa vie pour elle (2). » Le père et la mère ont droit au même respect de la part de leurs enfants. Le Christianisme ne détruit pas cependant cette autorité du chef qui est nécessaire à l union conjugale comme à toute société. C'est le même apôtre saint Paul qui a écrit ces sages paroles : Que les femmes soient soumises à leurs maris comme à Dieu même : car le mari est le chef de la femme. comme le Christ est le chef de son Eglise... Que chacun de vous, maris, aime sa femme comme lui-même, et que la femme craigne son mari (3). Ce sont ces grandes idées que. par des moyens variant suivant les temps et suivant les hommes, l'Eglise catholique a constamment défendus. Ayant pendant longtemps le privilége de la sapience, s'appuyant sur les textes plus que sur

(1) Saint Paul, *Ep. ad Galath.*, III, 28.
(2) Saint Paul, *Ep. ad Ephes.*, V, 25.
(3) *Ibid.*, 22.

l'esprit du droit romain, elle édictait dans ses conciles les règles que ses tribunaux faisaient appliquer. La matière des mariages est une de celles dans lesquelles sa juridiction a le plus long-temps subsisté.

# DROIT COUTUMIER

## § I. — *Epoque franque*.

L'invasion des Barbares mit en présence en Gaule le droit romain de Théodose et de Justinien et les institutions germaniques. Les fléaux et les désastres qui accompagnèrent la destruction de l'Empire romain sont attestés par les écrivains de cette époque malheureuse, mais la législation ne porte pas des traces aussi sensibles qu'il y aurait lieu de s'y attendre de la violence des vainqueurs. Les Barbares n'imposèrent pas leurs codes ; proclamant le principe de la personnalité des lois, ils permirent aux vaincus de continuer à vivre sous la loi romaine. Cette coexistence des deux législations, la nécessité de régler leurs rapports et de prévenir leur confusion, conduisirent à la rédaction des coutumes germaniques, dont les divergences s'accentuèrent avec la dispersion des différentes tribus barbares. Ainsi furent publiées en Gaule la loi des Francs Saliens dont le premier manuscrit connu remonte, suivant M. Pardessus, à l'année 481 ; la loi des Burgondes, vers 501, sous le roi Gondebaut ; la loi des Wisigoths, entre 649 et 652, la plus récente et la plus romaine. Le droit romain pratique était codifié par les rois barbares eux-mêmes. Alaric II publiait en 507 son *Breviarium*, qui pendant tout le moyen-âge a été le code romain du Midi. Aux lois s'ajoutaient les édits des rois dont un certain nombre nous sont parvenus sous le nom de *capitulaires*.

Lois et capitulaires portent l'empreinte du Christianisme, qui impose, non sans peine, la bénédiction nuptiale, exige la constitution d'un douaire ou dot et lutte contre la polygamie et la liberté des divorces (1). Le caractère vénal du mariage germanique disparaît de plus en plus devant l'importance de la dot et des présents réciproques que s'offrent les époux.

Il ne faut pas croire toutefois que l'Eglise ait triomphé du premier coup. La plupart des rois Mérovingiens eurent plusieurs épouses à la fois. Un capitulaire de Pépin le Bref de l'an 752 auto-

(1) Baluz., I, 709. Édit. 1777.

rise le mari que les guerres entraînent au loin et
que sa femme ne veut pas suivre à contracter un
nouveau mariage. « Si quis necessitate inevita-
bili cogente in alium ducatum fugerit, aut senio-
rem suum cui fidem mentiri non poterat secutus
fuerit et uxor ejus, cum valet et potest, amore
parentum aut rerum suarum eum sequi noluerit,
ipsa omni tempore quamdiu vir ejus quem secuta
non fuerit semper innupta permaneat. Nam ille
vir ejus qui necessitate cogente in alium locum
fugit, si nunquam in suam patriam se reversu-
rum sperat, si se abstinere non potest, aliam uxorem cum pœnitentia potest accipere (1). » Ce texte
indique assez que, dans ces temps troublés, si l'autorité maritale était parfois violente, elle n'était
pas toujours écoutée.

Enfin Charlemagne paraît et établit l'ordre
dans la législation. Ses capitulaires, auxquels on
peut joindre ceux de ses fils, marquent la clôture
et le plus beau période de l'époque franque. Après
la mort du grand empereur, c'est la féodalité qui s'organise et enfante un droit nouveau.

L'influence de la religion catholique est partout
visible dans l'œuvre de Charlemagne, et ce sont
principalement les canons des conciles que les

_________

(1) Baluzii *Regum francorum capitularia*, I, 164. Un capitulaire de 757 (Baluz., I, 184) permet au conjoint du lépreux de
le quitter et de se marier avec son consentement.

décrets impériaux confirment et mettent en vigueur. La bénédiction sacerdotale est plusieurs fois prescrite comme une condition aussi essentielle à la validité du mariage que l'absence de consanguinité : « Ne incestis nuptiis et seipsos et cæteros maculare audeant... et... cum benedictione jungantur (1). »

La répudiation et le divorce sont interdits par des motifs tirés de l'Evangile. On admét encore toutefois la répudiation pour cause d'adultère et le divorce par consentement mutuel pour entrer dans la vie religieuse. Mais la femme adultère ne peut se remarier, et, suivant Baluze, la question de savoir si le mari en avait le droit était vivement controversée en France (2). Le divorce, pour motif pieux, est entouré de nombreuses précautions. Il faut le consentement des deux époux, l'autorisation de l'évêque (3)... Ainsi triomphait de plus en plus le principe de l'indissolubilité, et l'épouse se voyait privée de son arme la plus terrible contre le pouvoir de son mari.

(1) Baluz., I, p. 373, anno 802, *ibid.*, II, p. 1234, *capitul. d'Anségise*, liv. 6.
(2) Baluz., II, p. 1204. Il cite une charte de Raymond, comte de Saint-Palais, qui exige que l'adultère soit légalement et manifestement prouvé, et que le mari n'en soit complice à aucun degré. Divers capitulaires du Recueil de Benedictens Levita refusent au mari le droit de se remarier. Lib. VII, cap. 382, ap. Baluz , I, p. 1107.
(3) Baluz., II, p. 335.

En revanche, le principe de l'égalité des sexes
se dégageait graduellement des entraves de la
tutelle. La tutelle perpétuelle de la femme passa
de la famille à l'Etat, c'est-à-dire à la cour du roi,
*curtis regis*. Le roi prit d'abord sous son *mundium*
les femmes qui n'avaient pas de parents pour
l'exercer (1), puis assuma la surveillance des tuteurs, souvent oublieux de leurs devoirs (2). Les
veuves passèrent positivement sous la tutelle de
l'empereur, « sub Dei defensione et nostro mun-
deburdio (3). » Placée si haut, la tutelle était pour
la femme une protection plutôt qu'une infériorité ;
elle lui ménageait une juridiction privilégiée, et
lui assurait une composition plus élevée, car faire
injure à un incapable, c'était violer la paix du
roi (4).

A Rome, l'émancipation du sexe s'était étendue
à l'épouse et la tutelle avait emporté dans sa ruine
la *manus*. Il n'en fut pas ainsi dans notre droit.
La puissance maritale survit intacte sous le nom
de *mundium*, *mundiburdium*. Le mari conserve son
droit de châtier sa femme même corporellement ;
il continue à administrer tous les biens conjugaux
et à en jouir seul.

(1) Ed. Rotharis, 205, 182. « Si parentes non fuerint legitimi,
tunc mundium mulieris ad curtem regis pertineat »
(2) Capit. II, anno 802, c. 20-23 ; Walter, II, p. 170.
(3) Capit. IV, anno 806, c. 9 ; Walter, II, p. 223.
(4) Vide Gide, *Etude sur la femme*, liv. IV, ch. I, p. 387-389.

Mais le tribunal domestique de la famille est remplacé par l'Etat et par l'Eglise. Charlemagne recommandait à ses *missi* de poursuivre la punition de l'adultère (1); l'Eglise édicte contre les époux infidèles l'excommunication, la pénitence publique ; elle punit également le mari et la femme, parce que la violation du devoir contracté devant Dieu est la même. Ces peines n'étaient d'ailleurs que temporaires et, s'il y avait amendement, le rapprochement des époux était autorisé avant leur complète exécution.

## § II. — *Féodalité*.

Droit public. — La dissolution de l'empire de Charlemagne, la faiblesse et les divisions de ses successeurs, la transformation des bénéfices en fiefs héréditaires, et la puissance qui en résulta pour les officiers de la couronne, produisirent un régime politique peut-être unique dans l'histoire, la féodalité. La puissance publique n'appartint que de nom au roi et s'éparpilla sur la tête d'une foule de petits souverains. La société s'organisa

(1) Capitula data Missis Dominicis, anno 802, § 9 ; Baluz., II, p. 375.

en une vaste hiérarchie. Toute personne, à
l'exception du roi, fut sous la dépendance de quelqu'un, et, à l'exception du serf, fut le souverain
de quelqu'un. La propriété fut hiérarchisée
comme la société, et aux rapports de seigneurs
et de vassaux correspondirent ceux de fiefs do-
minants et de fiefs servants.

La nécessité de la défense contre des pilleries
et agressions constantes, l'absence d'un pouvoir
central, assez fort pour être efficacement protec-
teur, furent les principaux motifs de cette révolution. Aussi, tout fut-il organisé pour la guerre,
et le principal service du fief fut *le service de cors*,
c'est-à-dire le devoir militaire. Si le seigneur
dut protéger le fief de son vassal, ce fut à la
condition qu'il trouverait au fief servant un chevalier en état de prendre les armes sous ses ordres.

L'importance prépondérante du service militaire dans le régime féodal ne devait pas être favorable à la femme; l'inégalité du sexe s'ensuivit,
et la femme tomba en la tutelle du seigneur, qui
pourvoyait au service de son fief, mais, en revanche,
jouissait de ses biens et dominait sa personne.
Quand la femme est mariée, le service du fief étant
assuré, le seigneur n'a aucun droit sur elle.

La tutelle du seigneur sur sa vassale propriétaire
d'un fief entraîna dans les pays où le principe féodal

fut poussé à ses dernières conséquences des effets injustes au point de vue du mariage. Le seigneur prétendit choisir celui qui ferait le service du fief de sa pupille, son mari, car il importe que ce ne soit pas un ennemi du seigneur : « pur ceo qè les heirs femelles de nostre terre ne se maryassent à nos enemys (1). » Cette servitude s'appelait *mariage* ou *fore mariage, maritagium*. On trouve dans les Assises de Jérusalem une longue description des formalités qui accompagnaient l'exercice de ce droit. Le seigneur devait offrir à la demoiselle ou femme veuve au moins *trois barons*, entre lesquels elle pût choisir, et il la faisait *semondre* de prendre parti par trois de ses vassaux, dont l'un prenait la parole en ces termes : « Dame, je vous euffre de par Monseignor tel (et le nome) trois barons tel et tel (et les nome) et vous semons de par Monseignor que devant tel jour (et motisse le jour) aies pris l'un des trois barons que je vous ay només... et enci li die par trois fois (2). »

Le droit de mariage devint plus tard fiscal, et la coutume fixa le prix du consentement du seigneur suivant la condition de la vassale.

Le mainmortable, ou vilain ne faisait pas partie de la noble hiérarchie militaire; il était exempt du

______

(1) Statutum Mertonense, cap. VII.
(2) Ass. de Jérus., cap. 242, ap. Du Cange, v° Maritagium.

service des armes. Mais il était, lui aussi, protégé par le seigneur; il lui devait en échange son travail, *le service de bras*. La vilaine en était exemptée par son sexe. Mais le seigneur avait besoin que les corvées fussent faites : de là pour lui le pouvoir de disposer de la fille du vilain quand elle succédait à son père. Ainsi naquit l'odieux *droit du seigneur*, que la grossièreté des mœurs ne suffit pas à excuser. Le seigneur permit plus tard à la vilaine de racheter son honneur par une prestation en argent, ou plus souvent en nature, « une bouteille de vin, un plat de viande, une place au dîner de noces pour son sergent ou pour ses chiens (1). »

L'intrusion de la féodalité dans la célébration du mariage n'était pas faite pour relever la dignité de l'union conjugale ni pour assurer le respect et l'autorité à un mari ainsi imposé. La foi religieuse, vive et profonde, la misère commune des temps, la nécessité de protection qui dominait tout, aidèrent à supporter ces maux. D'ailleurs, la puissance du mari se conservait par des moyens dignes de ceux qui l'avaient établie.

La peine de l'adultère est grossière et immorale; c'était ce qu'on appelle le *trotari*, *trottare :* « Trotari dicebantur adulteri qui per urbem nudi tra-

_________________

(1) **Gide, liv. IV,** I, p. 399.

dücebantur (1). » Mais ce n'est plus comme en Germanie, le mari où ses proches qui condamnent, c'est la justice publique, c'est le seigneur ou l'évêque, qui punit les coupables. La peine devient bientôt rachetable ; mais il faut prendre garde que l'amende soit payée par le coupable et non par son conjoint, ainsi qu'en témoigne la *liberté* accordée par Louis de Hutin à la ville de Milhau : « Item constituimus ut captus vel capta in adulterio non currant de nocte sed de die, et ne redimatur illius pecunia ut nec pro reatu mariti uxor non rea damnum sequatur, nec pro uxore sua maritus non reus aliquod damnum incurrat (2). »

Si le régime féodal a conduit à des conséquences injustes et oppressives, s'il est empreint de la rudesse grossière de l'époque, il faut reconnaître qu'il a aussi puissamment contribué au relèvement de la femme. Le chevalier contracte lors de son armement le devoir de défendre les faibles, c'est-à-dire les femmes et les mineurs. L'insulte à une femme est une honte et un déshonneur. Les trouvères chantent les dames des chevaliers avec une poésie et un chaste enthousiasme que l'antiquité n'avait jamais connus. Alors éclorent ces idées chevaleresques de respect, d'amour, de fidé-

(1) Du Cange, v° Trotare.
(2) Du Cange, v° Trotare. Une foule de chartes et de libertés municipales rapportées par Du Cange au mot *adulterium* donnent au coupable l'alternative de la peine corporelle ou de l'amende.

lité pour la femme qui ont été l'un des traits les plus marquants du moyen-âge, et qui lui ont survécu jusque dans les temps modernes. La femme partage d'ailleurs le titre et le rang de son mari; dans certaines coutumes même elle l'anoblit (1). Si elle ne peut être reine en France, elle peut être châtelaine ou abbesse, régir un fief, rendre la justice, siéger parmi les pairs. Elle peut être marchande publique, avoir la garde de ses enfants et exercer, à défaut du mari, la puissance paternelle. D'ailleurs, si la féodalité peut imposer un mari, elle n'empiète pas sur l'autorité maritale; même si le fief appartient en propre à la femme, c'est le mari qui en fait le service et qui en a les honneurs. Jamais le droit féodal français n'a admis de prince consort.

DROIT PRIVÉ. — Le droit privé est ce qui constitue, à proprement parler, le droit coutumier. Fixé dans les libertés et dans les chartes, il fut résumé par des juristes éminents tels que de Fontaines, Beaumanoir, Boutillier. Il coexista d'abord avec le droit féodal, et s'y substitua peu à peu. Il s'imprégna fortement du droit romain au seizième siècle et s'arrêta avec la rédaction des coutumes. Le régime des ordonnances a préparé celui des

(1) Coût. de Troyes, 9

Codes écrits. Mais revenons au treizième siècle et aux coutumes du Beauvaisis.

Nous avons retracé dans ses principales lignes la condition de la femme et de la femme mariée dans la société féodale ; il est temps d'étudier la situation des époux au point de vue du droit privé.

Le mari est le chef de l'union conjugale : le caractère germanique de tutelle disparaît de plus en plus devant l'idée de puissance.

Nous avons vu que le droit de punir l'adultère, le droit de vie et de mort, avait passé à la puissance publique ; le droit de vente paraît n'avoir guère subsisté qu'en Angleterre ; mais le mari jouissait encore au treizième siècle du droit de châtiment corporel : « Ne s'en doit le justice entremetre ; car il loist bien à l'omme batre se feme, sans mort et sans mehaing quant ele le meffet ; si comme quant ele est en voie de fere folie de son cors, ou quant elle dement son baron ou maudist, ou quant ele ne veut obéir à ses resnables commandemens que prode feme doit fere : en tel cas et en sanllables est il bien mestiers que li maris soit castierres de se feme resnablement. » Ce ne sont pas seulement les infidélités ou les insoumissions, offense directe au mari, que le mari peut punir ; il a mission de corriger tous les vices de sa femme comme il l'entend... « Li maris le doit castier et repenre selonc toutes les manières qu'il verra que bon sera pour li oster de tel visse, excepté mort ou mehaing (1) ! »

Il est vrai de dire que la femme rend quelquefois les coups qu'elle a reçus ; mais le mari doit compte au public de sa faiblesse, et en est puni par le ridicule. Il a, dans certaines coutumés, à faire amende honorable « en chevauchiant un asne le visage par devers la queue dudit asne et en autres villenies et détestables amendes (2).» La conscience publique tenait essentiellement à recevoir cette réparation réjouissante ; si le mari réussissait à s'y dérober, son plus proche voisin était forcé de chevaucher l'âne en son lieu et place (3).

Le mari est civilement tenu des délits commis par sa femme comme un père répond des méfaits de son enfant mineur ; il aurait dû châtier sa femme et l'empêcher de délicter, «quia retinere et castigare uxorem debet. » Le mari est déchargé de la responsabilité civile s'il ne peut être accusé de faiblesse, car alors il n'y a pas faute ni négligence de sa part. « Si præsumitur quod vir sit fidelis et quod sæpius eam castigabat in quantum poterit, non respondebit pro ea (4). »

« Comme les maris, » disait Loyseau, « ont

(1) Beaumanoir, *Cout. du Beauv.*, LVII, 6, Ed. Beugnot.
(2) Du Cange, v° Asinus.
(3) D'Argentré, *sur l'anc. cout. de Bretagne*, art. 423 ; Gide, p. 413.
(4) J. Skene, *annotat. in reg. maj.*, II, 29 ; Gide, p. 413.

puissance sur la personne de leurs femmes, ainsi l'ont-ils à plus forte raison sur leurs biens. » En effet, le pouvoir du mari sur les biens a le même principe que celui sur la personne ; il dérive du mariage lui-même ; c'est un effet de l'autorité maritale.

Le régime coutumier, sauf en Normandie, est le régime de la communauté de biens, avec le mari pour chef. « Si tost comme mariage est fez, li biens de l'un et de l'autre sont communs par la vertu du mariage et lé hons en est mainburnissières (1). » Fondée sur le mariage lui-même, la communauté n'est dissoute que par la mort ou la séparation de corps. La communauté s'étend à tous les biens actifs et passifs, elle comprend les dettes et les conquêts : « Item debita et credita sunt communia inter virum et uxorem et conquestus facti durante matrimonio (2). »

La communauté ne commence qu'au jour du mariage et l'effet des obligations contractées valablement par la femme avant le mariage est suspendu pendant la durée de l'union. « Se une feme se oblige et puis ele se marie, l'obligation ne sera pas exécutoire, car tous les biens sont au mary, mais demourra en action (3). » C'est qu'en effet si

(1) Beauman., XXI, 2.
(2) Grant Coustumier, 1515, f° XLIX.
(3) Grant Coustumier, 1504, f° XXX.

le mari n'est pas seul propriétaire, s'il y a communauté, copropriété des époux, le mari est l'administrateur, le chef du patrimoine conjugal; on voyait une atteinte portée à cette autorité par l'exécution contre lui d'engagements même antérieurs. Le système de l'autorisation maritale résulte de la souveraineté du mari et du respect de la personnalité de la femme.

Cette autorisation est nécessaire pour contracter. Certaines exceptions sont toutefois admises, dans l'intérêt du commerce, et dans certains cas où le mari ne peut matériellement autoriser ou s'abstient de toute gestion : « Si comme se ses barons est faus ou hors du sens, si que il est aperte coze qu'il ne se melle de riens, et que le feme fait et mainburnist toutes les cozes qui a eus apartienent ; ou se le feme est marqueande d'aucune marqueandise dont ses barons ne se set meller..... ou se li barons est en estranges teres fuitis ou banis ou enprisonés sans espérance de revenir; car aultrement seroient moult de bone gent honni qui baillent le lor a teles manières de femes, et eles meismes en perdroient lor marceandises (1).» On le voit, l'idée de protection de la femme persiste à côté de celle de puissance du mari.

(1) Beauman., XLIII, 28.

L'autorisation maritale est nécessaire à la femme pour ester en justice : « N'est nus tenus de respondre a li (femme mariée) en nule demande qu'ele face en cort sans l'auctorité de son mari. » La règle subsiste pour une instance commencée avant le mariage (1). Cela s'étend même à des actions toutes personnelles comme l'action d'injure, mais seulement en ce qui concerne les dommages-intérêts, car la personne de la femme répond de son délit, sans qu'on s'arrête au défaut d'autorisation.

Si le mari ne peut autoriser, on recourt à justice : « Si le mary est absent par longtemps, le juge en la faveur de la feme la peut bien auctoriser supplendo (2). »

Le mari a sur les biens communs les pouvoirs les plus larges d'administration et de disposition. Mais la femme peut avoir des biens propres, parce qu'elle n'est pas sans personnalité comme la femme *in manu*. Ces biens propres, le mari en jouit, les administre ; ce ne sont pas des paraphernaux qui affranchissent la femme de toute dépendance.

Le mari ne peut aliéner ces biens qui ne lui appartiennent pas ; la femme le peut avec son au-

(1) Grand Coustumier, 1504, f° XLIX.
(2) *Ibid.*

torisation. C'est même en général le mari qui figure à la vente comme partie principale, mais c'est à titre de mandataire... « De consuetudine maritus est procurator, legitimus et necessarius uxoris suæ. Mais le propre héritaige de la femme ne peust il vendre ne charger de charge perpétuelle sans le consentement d'elle ou qu'il aict procuration expressément de la femme (1). »

Le mari d'ailleurs, tandis qu'il peut disposer librement des biens communs, ne peut aliéner ses propres à lui-même sans le concours de sa femme. En effet, la femme a dès le mariage un certain droit sur ces biens, parce qu'une partie en constituera son douaire. De plus, les propres forment essentiellement le bien de famille ; n'est-il pas juste que la femme, qui collabore avec le mari à la constitution de la famille, ait une certaine part dans la direction du patrimoine de la famille ?

Les époux ne peuvent contracter entre eux (2) ; on sait à quels honteux trafics ces pactes avaient conduit les ménages romains d'une certaine époque. Il y a en droit coutumier un fondement tout naturel à cette prohibition, c'est que la communauté est le principe du régime matrimonial, que

(1) Grand Coustum., 1504, f° XLIX.
(2) *Ibid.*

l'un des époux n'est pas par conséquent plus riche que l'autre. Les donations sont également interdites ; une seule donation est permise parce qu'elle ne détruit pas l'égalité, c'est la donation mutuelle ; encore cette libéralité n'était valable dans la prévôté de Paris que s'il n'y avait pas d'enfants, ou si les enfants avaient donné leur consentement : le legs et la donation à cause de mort n'étaient pas autorisés dans cette province où le régime de communauté était poussé jusqu'à ses dernières conséquences.

Un autre effet de la communauté, c'est que les époux ne peuvent se voler entre eux. « S'il advenait que femme estant avec son mary prenait ou emportait aucune chose du leur et le destournast ou vendist, sçachez que pour ce ne pourrait le mary poursuivre la femme de larcin... et la raison si est, que aussi bien en est la femme dame comme le mary en est seigneur (1). »

Enfin le douaire est définitivement entré dans les mœurs. Il doit être constitué avant le mariage ; à défaut de convention, la coutume en fixe le montant au tiers, plus souvent à la moitié des biens immeubles (propres) que le mari possédait au moment du mariage, et à la moitié des meubles et conquêts trouvés au moment du

(1) Boutillier, I, 99 ; Gide, p. 419.

décès; cette seconde partie n'est, à proprement parler, que le droit de la femme dans la communauté.

Tel est le régime coutumier dans ses traits généraux, mais en fait avec une infinité de variantes, et, quelquefois, avec des divergences absolues, suivant les provinces, les villes, les seigneuries et souvent les villages; nous dirons quelques mots du droit romain.

Les provinces du Midi, qui continuèrent à se régler sur la loi romaine, ne connaissaient guère d'autre régime matrimonial que le régime dotal.

La puissance maritale ne frappe que les biens constitués dotaux par le pacte nuptial; les biens paraphernaux sont absolument indépendants. Le pouvoir du mari sur les biens dotaux est même moindre qu'en droit romain. La dot étant devenue indisponible entre les mains du mari, on discutait déjà, sous Justinien, qui en était propriétaire. Le droit romain du moyen- âge trancha la question en faveur de la femme, et le mari ne fut qu'un simple administrateur et usufruitier. Il y eut donc, d'une part, les biens paraphernaux; d'autre part, les biens dotaux qui appartinrent à la femme.

Mais le mari garda ses pouvoirs d'administration, et l'idée coutumière d'autorisation pénétra par ce côté. En droit romain, c'était le mari qui agissait en justice dans les procès intéressant le bien dotal ; quand la propriété passa à la femme, ce fut celle-ci qui figura dans l'instance, mais le mari y assista lui-même comme autorisant : « Et si une femme agissait pour ses biens dotaux sans l'*authorité* de son mary ou juge, le défendeur peut exciper d'autant qu'elle est tenue, en ce cas, en la puissance de son mary. Tout le contraire seroit, s'il estoit question des biens paraphernaux et adventifs, pour lesquels la femme peut estre seule en jugement sans l'authorité de son dict mary (1). » Toutefois, il faut remarquer qu'ici les mots d'autorité, de puissance maritale interviennent dans un sens tout différent de celui qu'ils ont dans le droit coutumier ; ne s'appliquant qu'à certains biens, cette autorité n'est pas, en vérité, une conséquence du mariage.

L'influence du droit coutumier se fait encore sentir en ce que la dotalité est la règle, la paraphernalité l'exception, car c'est la paraphernalité qui s'éloigne le plus de la communauté.

Mais la législation méridionale, si elle repousse l'infériorité de la femme comme épouse, résiste à l'égalité de sexe proclamée par le droit féodal. « En meins leus de nos droit est pear la condition as femes que as homes (2).... car fresle chose est

(1) Boutillier, I, 98.
(2) Livre de Justice, p. 55 ; Gide, 446.

de feme ne s'est garnie de sa propre nature de
constance et discrétion (1). »

Le sénatus-consulte Velléien complète le régime dotal du Midi.

. La féodalité profite de ce régime pour faire
triompher dans le Midi, avec beaucoup plus
d'exagération que dans le Nord, le principe de
la masculinité et du droit d'aînesse. La fille dotée
est si bien pourvue, son bien est si sûrement
garanti, qu'il n'y a pas lieu de s'inquiéter davantage de son sort, et on l'exclut de la succession
patrimoniale.

L'enthousiasme des juristes du seizième siècle pour les Pandectes qui sont acceptées sans
discussion comme lettre d'Évangile, fit introduire
dans le mariage coutumier un certain nombre
de principes romains. De cette action réciproque,
de ce mélange est né le droit des ordonnances et
puis le Code civil.

Nous ne quitterons pas le moyen âge sans dire
quelques mots des modes de dissolution du mariage.

La mort dissout le mariage, mais, à ce moment, on voit éclater la différence entre le principe de l'autorité maritale dans le Midi et dans le
Nord.

(1) Boutillier, II, 2.

En pays de coutume, la femme retrouve toute sa capacité, car l'autorité du mari y faisait seule obstacle : « Si tost comme ses barons est mors, ele revient en se plaine volenté, et convient que ele responde de son fcs, tout soit ce qu'ele n'en fust pas tenue à respondre cl tans de son baron (1). » Les dettes antérieures au mariage revivent et peuvent être exécutées ; bien plus, les obligations qu'elle a contractées du vivant de son mari, sans son autorisation, veuve elle en doit répondre ; car ce n'est pas un engagement nul faute de capacité. Au contraire, l'engagement contracté par la femme en dépit du sénatus-consulte Velléien est nul après le mariage comme devant.

Le capitulaire de Pépin le Bref de 752, que nous avons cité, ne fut pas facilement extirpé du royaume, et, s'il faut en croire Beaumanoir, la longue absence du mari fut pendant longtemps une cause de dissolution du mariage ; mais « par les perix qui en avinrent, » cette règle, qui au fond ne créait qu'une présomption de mort, fut abolie et la femme ne put se remarier qu'en apportant la preuve de la mort du mari.

Le décès du mari ne laisse pas d'ailleurs la femme abandonnée : en pays de droit écrit, elle a

_______

(1) Beauman., XLIII, 27.

sa dot qu'on appelle souvent douaire; en pays coutumier, elle a son douaire que les auteurs nomment souvent dot. Le douaire est exigé par la coutume et par l'Église. S'il n'a été fixé par la convention, il est de la moitié des propres que le mari avait lors du mariage. En assurant l'indépendance de la veuve, cette institution facilitait sa fidélité.

La seconde cause non point de dissolution, mais de diminution de l'autorité maritale, est la séparation de corps. « Quant tele coze avient, le connissance en apartient à sainte Église. »

Bien que la séparation de corps ne rompe pas le mariage, elle est plus difficile à obtenir en France que le divorce ne l'était à Rome. Beaumanoir pose à cet égard le principe qui a pour but d'éviter que ce ne devienne un moyen commode pour les femmes de se soustraire à l'autorité du mari et de la braver : « Moult doit prode feme soufrir et endurer avent qu'ele se mete hors de se compaignie(1). » Il faut que les raisons soient « resnables, » c'est-à dire qu'il y ait menace de mort, vente du douaire ou de l'héritage de la femme par force, entretien d'une concubine publiquement, « à le veue et à le seue des voisins, » dans la maison conjugale, ou que le mari « la

_______________

(1) Beauman., LVII, 4.

veuille fere pequier de son cors,... ou face estranges persones pecier en lor femes contre le volenté d'eles... (1). »

La séparation de corps ou *divorce de lit* entraîne la séparation de biens ou *distribution de biens;* mais telle est l'idée de communauté dans le mariage, qu'on n'accorde pas la séparation de biens isolément (2).

La séparation de corps affranchit les époux de l'obligation de cohabiter ; non-seulement le partage s'étend aux biens, mais aussi aux enfants, du moins à ceux qui sont âgés de plus de sept ans : chacun des époux a la garde de la moitié des enfants ; la mère a la garde de ceux de moins de sept ans. Sauf ces exceptions, le mariage et le lien de puissance qu'il entraîne demeurent après la séparation comme devant (3).

### § III. — *Monarchie.*

La féodalité disparut de l'état politique, et la force des mœurs la chassa du droit public avant qu'aucun acte législatif eût abrogé le droit des

(1) Beauman., LVII, 4, 9, 10.
(2) Gide, p. 414.
(3) Beaum., LVII, 14.

feudistes. La rédaction des coutumes par les soins de la royauté, et conformément au vœu des états généraux (1506-1586, — Coutume de Paris, 1510 et 1580), transforma la coutume en loi locale : le mouvement constant des mœurs qui a produit notre droit était dès lors fixé et arrêté. Le droit canonique cessa d'envahir le domaine civil quand l'érudition se sécularisa ; en revanche, le droit romain, environné du prestige d'une découverte, prit une place considérable dans la législation des provinces coutumières et modifia sensiblement le droit. Les ordonnances des rois qui, sauf au dix-huitième siècle, ne touchèrent guère au droit privé, furent le premier effort vers l'unité de la législation dans tout le royaume.

Il serait sans doute fort intéressant de suivre ces diverses transformations dans l'institution qui nous occupe ; forcé de nous restreindre, nous examinerons ce qu'est devenue l'autorité maritale, à la fin de cette période, en 1789.

L'autorité maritale repose sur le mariage. Elle existe par le fait seul du mariage ; elle appartient au mari mineur aussi bien qu'au majeur.

Le mariage lui-même était à la fois un sacrement de la religion et un contrat civil. A ces deux points de vue, il ne reposait pas, comme en droit romain, sur la simple volonté des parties ; c'était un contrat social et non privé. Montesquieu ap-

prouvait l'intervention de la religion et la justifiait tant par l'usage constant de tous les peuples
dans tous les temps que par le besoin de purifier
les relations conjugales. Il y voyait, en outre, la
garantie principale du mariage, celle de la plus
grande authenticité possible. Il ne concevait pas
que la loi civile pût se mettre en conflit avec la loi
religieuse. Elle ne pouvait exiger des conditions
différentes qu'à la condition que ce fussent « des
caractères ajoutés et non pas des caractères con-
tradictoires (1). »

La France n'était point parvenue à réaliser
cette maxime qui était l'idéal du chancelier de
l'Hospital : « Une foi, une loi, un roi. » Mais,
tout ce que la philosophie réclamait pour les individus n'appartenant pas au culte catholique,
c'était la possibilité de se marier légalement suivant les formes de leur religion.

Le principe de l'indissolubilité absolue du mariage, même en cas d'adultère, est définitivement
établi, et aucun jurisconsulte ne conteste la disposition formelle du concile de Trente à cet égard :
« Si quis dixerit Ecclesiam errare cum docuit et
docet juxta evangelicam et apostolicam doctri-
nam propter adulterium alterius conjugum matrimonii vinculum non posse dissolvi... anathema

_______

(1) **Esprit des lois, XXVI, ch.** 13.

sit (1). » Le mari qui avait quitté sa femme adultère et en avait épousé une autre était poursuivi et
puni comme bigame.

La loi civile consacra le principe de l'indissolubilité, en l'appliquant même aux religions qui
autorisaient le divorce, et un arrêt célèbre du
parlement, du 2 janvier 1758, décida que la con-
version d'un juif au christianisme n'était pas une
cause de dissolution de mariage, malgré les règles
contraires de la loi juive (2).

Le mariage n'est dissous que par la mort naturelle. L'entrée dans les ordres, qui, comme on le
sait, entraînait une sorte de mort civile, la mort
civile résultant d'une peine, laissent subsister le
lien conjugal (3).

Bien que les conditions d'âge fussent encore
celles de la loi romaine, quatorze ans pour les
hommes, dix ans pour les filles, le pouvoir du
mari naissait tout entier avec le mariage.

Le mari n'a plus sur la personne de la femme
les droits de coercition matérielle que lui avait
reconnus le moyen-âge. L'adoucissement des
mœurs ne pouvait souffrir de tels excès.

Le mari a seul le droit de révéler à la justice et
de poursuivre l'adultère de sa femme; il intente

(1) Guyot, *Répert.*, v° Adultère.
(2) Guyot, *Répert.*, v° Mariage.
(3) *Ibid.*

l'action devant le juge de son domicile ; le juge du lieu du crime n'est pas compétent. La peine est celle de l' « authentique, » c'est-à-dire celle édictée par la Nov. 134, chap. 10, le fouet et la clôture dans un monastère ou dans un hôpital destiné aux femmes de mauvaise vie. La femme adultère perd tous ses avantages matrimoniaux, même sa dot ; le mari est tenu de lui faire une pension. S'il y a des circonstances aggravantes, telles que rapt, inceste, sacrilége, la peine est le dernier supplice. La disproportion « énorme » de rang est également une circonstance aggravante.

Le mari n'est pas recevable dans son action, s'il a favorisé l'adultère de sa femme, s'il a cohabité avec elle après l'avoir surprise, ou s'il s'est réconcilié avec elle, ou s'il s'est écoulé plus de cinq ans depuis le crime.

Le mari n'a pas le droit de tuer la femme coupable ; mais les mœurs continuaient à voir une excuse dans le meurtre commis en flagrant délit, et le roi accordait facilement, dans ce cas, des lettres de rémission (1).

Le mari a, pendant deux ans à compter de la condamnation, le droit de reprendre sa femme. Même après ce délai, la femme enfermée dans le couvent ne fait pas profession et n'est pas privée

_______________

(1) Guyot, *Rép.*, v° Adultère.

de ses droits civils ; et, après la mort de son mari, elle peut sortir du couvent, si elle se remarie.

Le complice de la femme adultère est puni du fouet et du bannissement et, dans certains cas, des galères ou du dernier supplice. La peine était d'ailleurs considérée comme arbitraire et, en général, le complice était condamné moins sévèrement que la femme adultère.

La loi, sous l'influence des idées romaines, ne frappa pas l'adultère du mari ; on le considérait seulement comme une excuse qui rendait le mari non recevable à attaquer sa femme. Certains auteurs soutenaient que la femme avait tout au moins une action civile en séparation de corps. mais on décidait généralement qu'il fallait qu'il y eût en outre des circonstances de scandale. mauvais traitements, etc.

La preuve pouvait se faire par témoins et par certains indices et présomptions.

Le mari, sauf le cas d'adultère, n'a pas le droit de porter d'accusation criminelle contre sa femme : c'est une conséquence de l'indivision du ménage et de la responsabilité du mari comme chef ; il ne peut, lui et ses héritiers, poursuivre autrement que par la voie civile la restitution des objets que lui a volés la femme ; toutefois, peut-être par souvenir du droit coutumier, on admettait qu'un mari qui découvrait en sa femme un vice incorrigible, tel qu'une propension au vol, avait le droit de demander l'autorisation de la faire enfermer dans un couvent pour préserver son honneur et celui de ses enfants.

Les droits que le mari a sur les biens conjugaux et sur ceux de sa femme sont, sauf quelques modifications et les diversités des coutumes, les droits que nous avons exposés dans le chapitre précédent. Régime dotal et communauté sont les deux types extrêmes entre lesquels se rangent et se multiplient de plus en plus les régimes mixtes de communauté réduite aux acquêts, de séparation de biens, etc.

La nécessité de l'autorisation maritale, pour la femme qui veut ester en justice ou contracter, est admise par toutes les coutumes sous des noms différents et avec une étendue plus ou moins grande (1). Dans les pays de droit écrit (2), l'autorisation n'est point nécessaire pour tout ce qui concerne les biens paraphernaux; dans les pays de coutumes, l'autorisation est indispensable pour tous les actes et contrats, à quelques biens qu'ils s'appliquent. « Femme mariée ne peut donner, aliéner, disposer ni aucunement contracter entre-vifs sans autorité et consentement de son

_________

(1) Klimrath, II, 276.
(2) Sauf ceux du ressort du Parlement de Paris.

mari (1). » Elle est parfois requise, même pour le
testament et les actes de dernière volonté (2).

Les auteurs [discutaient sur le fondement de
l'autorisation. Les uns donnaient pour motif la
faiblesse du sexe ; d'Aguesseau soutenait que
« c'est l'intérêt du mari qui a fait établir la nécessité de l'autorisation ; » une troisième opinion
cherchait à tout concilier, en disant que l'autorisation était exigée tant pour l'utilité de la femme
que pour celle du mari. Enfin on invoquait comme
fondement de l'autorité maritale des considérations d'ordre public, la pudeur du sexe, la souveraineté du mari. Cette diversité de vues se justifiait par la diversité des coutumes ; au fond et
malgré tout, en dépit du droit romain, où l'on
cherchait des raisons, le principe de l'autorisation
était bien dans la puissance maritale. En effet,
il ne dérivait pas du sexe, puisque la fille et la
veuve n'en avaient nul besoin. Il n'était pas dicté
par l'intérêt de l'un des époux, puisque le système
général était que la nullité des actes non autorisés était également invocable par les deux époux
et par les tiers. Telle était d'ailleurs l'opinion de
Pothier : « La nécessité de l'autorisation du mari
n'est fondée que sur la puissance que le mari a

(1) Cout. d'Orl., art. 104.
(2) Coutumes de Bourgogne, Nivernais, Normandie, Bretagne, etc.

sur la personne de sa femme, qui ne permet pas à sa femme de rien faire que dépendamment de lui (1). »

On s'écartait toutefois certainement de ce système quand on refusait à la femme devenue veuve le droit de confirmer les engagements par elle contractés pendant le mariage : on était bien loin de cette simple suspension de l'exécution des engagements qu'enseignait Beaumanoir. L'autorisation devait être spéciale. Une autorisation générale ne pouvait être donnée, même par contrat de mariage. Il est vrai que les parties étaient alors parfaitement libres; mais c'eût été une atteinte à un principe d'ordre public, la souveraineté du mari (1). L'autorisation générale n'était accordée qu'à la femme commerçante.

A défaut d'autorisation du mari, un recours à justice était permis; il était nécessaire dans le cas d'absence ou de démence du mari. Cette règle, encore incertaine au temps de Beaumanoir, avait triomphé, toujours par suite de l'idée romaine d'incapacité de la femme.

Le sénatus-consulte Velléien avait pénétré dans un grand nombre de nos coutumes, bien qu'il n'y eût guère sa place. En revanche, l'ordonnance

(1) Pothier, *Traité de la puiss. du mari*, art. I, sect. I, § I.
(2) La coutume de Berry faisait exception au droit commun sur ce point.

de 1731 prescrivait l'autorisation pour l'acceptation d'une donation, et on décidait généralement
que cette règle, éminemment protectrice de l'honneur des ménages, s'étendait à tout le royaume et
régissait même les pays de droit écrit.

La séparation de corps laissait subsister l'autorité du mari; elle la relâchait seulement quant
aux pouvoirs d'administration, qui passaient à la
femme pour ses biens. La femme restait aussi
dépendante pour l'aliénation de ses immeubles
que s'il n'y avait pas eu de séparation. La séparation ne devait plus être prononcée tout à la fois
quant aux biens et quant au lit. La séparation de
biens était admise quand le mari dissipait ou mettait en péril, par sa mauvaise gestion, les droits
personnels de la femme sur la communauté.

# DROIT ACTUEL

La Révolution française éclata. Animée d'une haine ardente contre le régime en vigueur à cause des abus qui s'y étaient produits, audacieuse dans son inexpérience, entraînée par des théories absolues, elle renversa les institutions et prétendit créer une législation nouvelle. Mais l'œuvre lente des siècles ne pouvait périr et était impossible à remplacer ; aussi la loi civile, modifiée sans doute par plus d'un point, resta cependant dans son ensemble ce qu'elle était auparavant ; chose étrange, la révolution continua, même sans le vouloir, l'œuvre de la monarchie, et le Code civil, qui résulta de cette tourmente, fit encore prédominer l'esprit du droit romain sur l'esprit national, original de nos coutumes. Les modifications apportées à la puissance maritale ne seront pas longues à exposer.

Le caractère fondamental du mariage fut profondément altéré par la sécularisation du droit. La contestation des mariages religieux entre personnes appartenant à des cultes non catholiques avait souffert quelques difficultés. On trancha la question en faisant du mariage un contrat purement civil (1). La séparation absolue de la religion et de loi civile n'était pas cependant pas accomplie; le sacrement était subordonné au contrat civil, puisqu'il était interdit au ministre du culte de procéder à un mariage religieux quand le mariage n'avait pas eu lieu devant l'officier de l'état civil. La loi révolutionnaire conservait d'ailleurs au mariage le caractère d'un contrat social et non privé, qui ne reposait pas sur le seul consentement des parties, mais qui était et constaté et célébré par un officier public. Il y avait une base moins élevée sans doute, mais encore réelle, aux devoirs réciproques et aux droits des époux.

La publicité du mariage, la présence de témoins (2), le consentement de parents, même autres que les père et mère, quand ceux-ci étaient décédés (3), furent exigés par les lois nouvelles. Mais la stabilité de l'union conjugale était grave-

____

(1) Constit., 3-14 sept. 1791, tit. II, art. 7.
(2) Loi 20 sept. 1792, tit. IV.
(3) Décret 7 sept. 1793.

ment compromise par le rétablissement du divorce (1). Nous avons suffisamment insisté sur les inconvénients que cette institution devait engendrer et avait produits en droit romain ; quelques précautions furent prises pour en restreindre la facilité. Mais les dangers qu'elle faisait courir à l'autorité maritale restaient les mêmes ; en outre la rétablir dans un pays catholique, c'était violer les droits de celui des époux auquel sa fidélité à ses croyances religieuses imposait la perpétuité du mariage ; aucune disposition ne fut prise pour corriger cette injustice.

La législation intermédiaire, fort éprise du droit romain, voulut implanter dans notre pays un tribunal domestique tel que celui qui avait existé sous l'antique république (2). Le *tribunal de famille* avait pour mission de vider les différends qui s'élevaient entre époux ; il pouvait même statuer sur les séparations de biens, et sur les séparations de corps. C'était une sorte de tribunal arbitral, muni à la fois d'une juridiction contentieuse et d'une juridiction disciplinaire. L'appel était porté au tribunal de district. La compétence et l'effet des sentences étaient d'ailleurs mal définis.

(1) Loi 20 sept. 1792, tit. IV, sect. V.
(2) Loi 16-24 août 1790, tit. X.

Embarrassé de formes compliquées, privé d'un président tout-puissant, dénué de force coercitive, le tribunal domestique était un anachronisme en contradiction avec les mœurs démocratiques et la concentration de toutes les juridictions dans les mains de l'État. Le tribunal de famille fut un instrument de discorde bien plus qu'un moyen de conciliation et de paix et l'expérience ne tarda pas à en faire justice. Il fut supprimé par la loi du 9 ventôse an IV.

### § II. — *Code civil.*

Le *Code civil* apporta à notre législation le bienfait incontestable de l'unité. Ce fut une tâche ardue que d'extraire une loi unique des dispositions si variées de nos coutumes et des monuments du droit romain, et de composer, avec les éléments anciens, une loi qui convînt à la société nouvelle. De grands hommes se rencontrèrent pour accomplir cette grande œuvre, et le Code Napoléon servit de modèle à plusieurs nations étrangères.

Le mariage forme le titre V du livre I du Code civil; le contrat de mariage, où nous aurons moins à puiser, le titre V du III<sup>e</sup> livre.

Le projet du titre du mariage fut rédigé par Réal, et, après de longs pourparlers entre le Tribunat et le Conseil d'État, arrêté par ce conseil le 16 ventôse an XI.

Ce fut Portalis qui exposa devant le Corps législatif les motifs du projet : les considérations à la fois philosophiques et juridiques qui précèdent lè commentaire des articles sont citées comme un monument remarquable ; les idées religieuses sont écartées ; c'était l'esprit nouveau.

Portalis donnait du mariage une définition qui venait du droit romain, mais qui était infiniment plus juste dans notre droit français : « C'est, dit-il, la société de l'homme et de la femme qui s'unissent pour perpétuer leur espèce, pour s'aider, par des secours mutuels, à porter le poids de la vie, et pour partager leur commune destinée. » Des solennités nombreuses, l'intervention d'un officier public, une grande publicité, des précautions multiples pour prévenir les nullités et assurer l'accomplissement des conditions requises, conféraient aux noces civiles le caractère de gravité que comportait un acte aussi important pour la société. Le mariage religieux était loué par le rapporteur ; mais la législation n'en tenait point compte. Le divorce était maintenu. Il devait, comme le tribunal domestique, disparaître de la législation révolutionnaire sans laisser de regrets. La loi du 8 mai 1816 l'abolit.

Nous n'insisterons pas plus longuement sur les considérations générales. Il est temps d'aborder le droit pratique et d'examiner ce qu'est aujourd'hui dans le Code civil la puissance maritale. Nous l'étudierons principalement dans les rapports des deux époux, ainsi que nous l'avons fait jusqu'ici ; nous examinerons tout d'abord les droits du mari sur la personne et sur les actes de sa femme. Les droits sur les biens formeront l'appendice de cette étude.

## CHAPITRE PREMIER.

### DROITS DU MARI SUR LA PERSONNE DE SA FEMME.

Le mariage est une société, une communauté, une union dont le mari est le chef. Tel est le principe qui se dégage des art. 212 et 213 du Code civil. « Les époux se doivent mutuellement fidélité, secours, assistance. — Le mari doit protection à sa femme, la femme doit obéissance à son mari. » L'union des époux est une union surtout des personnes ; l'union des biens est l'accessoire ; c'est une première différence avec les sociétés ordinaires. Une autre différence, c'est le rôle prépondérant accordé à l'un des associés ; il n'y a pas égalité entre les associés ; le mari est plus qu'un sociétaire, c'est un chef.

Pour assurer la société conjugale, le Code a voulu tout d'abord que les époux n'eussent qu'une seule et même nationalité ; il ne leur a pas laissé le droit de la choisir ; pour marquer le pouvoir du mari il a décidé que cette nationalité serait la nationalité du mari, que la loi serait la loi du mari : « La femme suit la condition de son mari (1), » telle est la règle.

Non-seulement l'étrangère qui épouse un Français devient Française, *ipso facto*, par le fait seul du mariage ; mais le sentiment d'affection que l'Etat ressent pour ses nationaux cède devant la nécessité de l'union étroite des époux, et la femme française perd sa nationalité en se mariant avec un étranger, comme la femme étrangère acquiert la nationalité française en épousant un Français.

Cet effet du mariage est absolu ; il s'applique même à la femme mineure, car une personne capable de contracter mariage est réputée capable d'en subir tous les effets : « Habilis ad nuptias, habilis ad nuptiarum consequentias. » Toute convention contraire serait nulle. Toute loi étrangère qui disposerait autrement serait sans influence sur la loi française. Peu importe que le

(1) C. c., 12, 19.

pays étranger retienne la nationalité de sa nationale, ou refuse sa nationalité à la Française mariée à l'un de ses nationaux : le principe reste le
même au regard de la loi française.

La nationalité de la femme, alors même qu'elle
est perdue, peut, dans certaines législations, exercer à son tour une certaine influence sur la nationalité du mari. C'est ainsi que la loi du 2 mai 1790
énumérait le mariage avec une femme française
au nombre des conditions qui facilitaient à l'é-
tranger la naturalisation ; mais cette disposition
n'existe plus dans nos lois. La nationalité du mari
seule exerce une influence, celle de la femme n'en
a aucune et disparaît.

Cette identité de nationalité doit-elle persister
pendant toute la durée du mariage ? C'est une
question fort délicate, que le Code n'a pas résolue,
et qui a soulevé de vives controverses.

Il est tout d'abord incontestable qu'une femme
en changeant de nationalité ne peut changer la
nationalité de son mari : ce serait le renversement
des rôles que la naturalisation de la femme en-
traînât celle du mari.

Mais la naturalisation du mari entraîne-t-elle
celle de la femme ?

La question se présente à un double point de
vue : il se peut qu'il s'agisse d'un étranger qui acquiert la nationalité française, ou qu'il s'agisse

d'un Français qui acquiert une nationalité étrangère.

Dans la première hypothèse, la loi française aura à se préoccuper tout d'abord des prescriptions de la loi à laquelle est soumis cet étranger. Il est, en effet, de principe, maintenant incontesté, en jurisprudence que les étrangers sont régis, quant à leur statut personnel, par leur loi nationale : un changement de patrie, de loi, de droit civil, est au premier chef un changement de statut, ce que les Romains appelaient une *capitis minutio*. Il faudra donc examiner tout d'abord si, dans son pays, l'étranger avait le droit de disposer de la nationalité de sa femme, et si sa naturalisation emporte celle de son époux.

Mais, la naturalisation n'est pas un fait purement civil ; c'est un événement politique : la France a le droit de n'admettre de nouveaux nationaux qu'à de certaines conditions. Ici, il est naturel de raisonner de la même façon pour les étrangers et pour les Français. Au regard de la loi française, un mari peut-il disposer de la nationalité de sa femme ? C'est donc, en somme, la même question qui se pose dans l'une et l'autre hypothèse.

La réponse ne serait pas douteuse si le principe de l'identité de nationalité pour les époux était absolu, sans exception possible. Mais ce principe

*Sa.* 10

n'est écrit nulle part, si ce n'est au début du mariage. En outre, une telle théorie sacrifie complétement la liberté individuelle de la femme. Son mari seul disposerait de sa nationalité ; elle la perdrait suivant le caprice de celui-ci ; elle serait dépouillée de son statut personnel contre son propre gré ; elle ne serait pas libre, elle serait l'esclave de son mari. Une telle conséquence n'est pas admissible. Si la femme a perdu sa nationalité par le fait de son mariage, elle y a consenti implicitement, puisqu'elle était libre de ne pas se marier ; son abdication de sa nationalité d'origine a été volontaire. Ici il n'en est pas de même.

Enfin, n'y a-t-il pas au-dessus du pouvoir marital le droit de l'État, le droit de la patrie ? Il est sacrifié au moment du mariage ; c'est vrai ; mais il faut une disposition expresse pour qu'il en soit ainsi. Sinon, la présomption est en sa faveur et la naturalisation ne s'opère que par les modes qu'il indique précisément. C'est cette idée qui déterminait l'ancien droit dans notre sens ; voici, en effet, comment Pothier explique la disposition qui dispensait la femme de suivre son mari à l'étranger : « Si le mari, en abjurant sa patrie, voulait s'y établir (en pays étranger), la femme, qui doit encore plus à sa patrie qu'à son mari, ne serait pas obligée de l'y suivre et d'imiter l'abjuration que son mari fait de sa patrie (1). » Ainsi, la femme avait le droit de se soustraire à une naturalisation résultant du fait du mari.

Il faut donc décider que l'effet qui, en vertu des art. 12 et 19, se produit au moment du contrat de mariage, ne se produit plus à d'autres moments de la société conjugale, et qu'ici l'unité de nationalité doit céder devant le respect de la liberté individuelle.

Pourrait-on concilier les deux opinions en disant que le mari ne pourra renoncer à sa nationalité sans le concours de sa femme à l'acte? Ainsi, on n'aurait aucune objection à déclarer que la femme est également naturalisée.

On fait valoir à l'appui de cette théorie que, si tout citoyen est libre de changer de nationalité, ce principe n'est admissible qu'autant qu'il ne blesse pas les droits des tiers. Or, on le sait, rien n'est plus variable que les législations qui régissent le mariage; dans tel pays, le mari aura le droit de châtiment corporel; chez un grand nombre de peuples, le divorce est admis. Le changement de nationalité, le changement de législation porte donc atteinte au contrat originel qui a lié les deux époux; aucun des deux ne peut en modifier les conditions sans le consentement

(1) Pothier, *Traité de la puissance du mari.*

de l'autre. Ce système, ajoute-t-on, a l'avantage de supprimer une série de difficultés auxquelles donne naissance la naturalisation de l'un des époux ; la jurisprudence serait bien simplifiée si aucun des deux ne pouvait changer de patrie sans l'accord de l'autre.

D'ailleurs, l'auteur de ce système accorde à la justice le droit de suppléer le mari.

Quelque séduisante que soit cette théorie, elle ne nous paraît pas admissible. Elle ne repose, en effet, sur aucun texte, et il en faudrait un pour autoriser cette atteinte à la liberté qu'a tout homme d'abdiquer sa nationalité. Il n'y a pas, en réalité, dans la naturalisation du mari, violation des droits de la femme, car elle n'a droit qu'à sa nationalité, à son statut personnel propre, elle n'a aucun droit sur celui de son mari. Ce n'est pas une dérogation à l'immutabilité des conventions matrimoniales, car le principe de l'article ne s'entend que des biens, des conventions du contrat de mariage y relatives, et nullement de l'état des époux, qui est un fait et non une convention. D'ailleurs, la garantie qu'on paraît conférer à la femme est-elle efficace ? Ce consentement, pourra-t-elle le refuser, puisqu'elle doit obéissance à son mari ? Si elle peut le refuser, ne sera-ce pas renverser les rôles et subordonner la liberté du mari à l'autorisation de la femme? Nous n'hésitons donc pas à décider, conformément à une jurisprudence bien établie et à la presque unanimité des auteurs, que le mari peut, par sa seule volonté, changer de nationalité, mais que cet événement ne modifie pas la nationalité de la femme.

La femme a-t-elle le même droit et peut-elle, sans autorisation de son mari, se faire naturaliser à l'étranger? L'affirmative serait une grave atteinte portée à la puissance du mari; la femme mariée n'est pas complétement libre comme son mari, elle a aliéné une partie de son indépendance; elle a juré obéissance; tous ses actes de quelque importance sont soumis à la nécessité de l'autorisation, et un acte qui peut lui permettre de s'affranchir de toute autorité par le divorce ne le serait pas! La loi aurait déclaré solennellement que la femme suit la condition de son mari, et le lendemain de ses noces elle pourrait reprendre sa nationalité primitive en reniant celle de son mari! La puissance maritale ne peut être ainsi jouée; si la situation des époux n'est pas la même à cet égard, c'est que l'un est le chef de l'autre.

Cette règle semble aujourd'hui être généralement acceptée, et récemment, malgré la faveur qu'inspirait la situation des Alsaciens-Lorrains, le gouvernement français a déclaré que la femme née en Alsace-Lorraine qui voudrait opter pour la nationalité française devrait se faire autoriser par son mari.

Ces principes seront-ils modifiés lorsque la femme sera séparée de corps d'avec son mari, et faudra-t-il dire qu'en ce cas la naturalisation est possible sans l'assentiment du mari?

Cette question est encore plus vivement débattue que la précédente. Les faits récents qui ont ravivé la controverse suffiraient à eux seuls pour dicter la réponse. Cette naturalisation n'est point sollicitée en pratique pour augmenter le patrimoine des enfants ou restituer à la femme une considération perdue en France; c'est pour éluder la loi française, pour briser le lien perpétuel du mariage, pour parvenir à un divorce que la femme abdique sa nationalité d'origine. De tels faits ont conduit les tribunaux à déclarer nulle une naturalisation ainsi obtenue par le mari lui-même (1). Mais examinons si les principes du droit doivent imposer une solution contraire.

On a tenté, d'abord, de tirer parti de la loi étrangère. Les arguments empruntés à cet ordre d'idées ne nous paraissent point recevables. En droit international, c'est d'après la loi d'origine tout d'abord, et non point d'après la loi de la

______
(1) Cass., 16 déc. 1845; 19 juillet 1875.

nationalité à acquérir, que la capacité d'une partie qui sollicite la naturalisation doit être examinée. Ce principe, notre jurisprudence elle-même s'y est rangée avec raison; et plusieurs lois étrangères l'ont proclamé. Si nous imposons ce principe en France à des individus appartenant à des nationalités étrangères, par respect pour les lois nationales, *a fortiori*, devons-nous l'appliquer à nos nationaux.

On a prétendu, au fond, que l'incapacité de changer de nationalité sans autorisation ne résultait, pour la femme mariée, que de l'unité du domicile conjugal, et que cette unité, une fois dissoute par la séparation de corps, la femme reprenait sa liberté.

Nous ferons remarquer que la naturalisation peut résulter, d'après certaines lois, d'une résidence ou de toute autre condition qu'un établissement, qu'un domicile; que le domicile peut n'être pas une condition de naturalisation. On a vu la révolution accorder ainsi la nationalité française à des étrangers illustres. Il résulterait donc de cet argument que la femme mariée non séparée pourrait se faire naturaliser librement, quand elle n'a pas besoin, pour y parvenir, d'établir son domicile à l'étranger.

Nous ajouterons, au reste, que la liberté pour la femme séparée de corps d'avoir un domicile de droit distinct est une théorie fort controversée et que nous avons nous-même rejetée.

Enfin, l'unité de nationalité est-elle réellement une conséquence de l'unité de domicile ? Nous l'avons fait dériver, au contraire, de l'union des époux. Sinon, la règle de l'art. 12 ne s'appliquerait pas à la femme commerçante qui peut avoir un domicile distinct.

On s'appuie, en second lieu, sur l'art. 1124. Ce dernier article, dit-on, énonce limitativement les incapacités de la femme mariée ; mais c'est toujours revenir à déclarer la capacité pour la femme non séparée de se faire naturaliser librement. Nous examinerons plus loin la valeur limitative de l'art. 1124 ; pour nous, au contraire, l'incapacité de la femme mariée est la règle ; la femme séparée n'y est soustraite que quant à l'administration de ses biens (1). Nul n'osera prétendre que l'acquisition d'une nationalité étrangère soit un simple acte d'administration.

La séparation de corps ne modifie donc en rien la capacité de la femme mariée au point de vue de la naturalisation. Nous ajouterons que l'article 1449, en maintenant la nécessité de l'autorisation pour les aliénations d'immeubles, en n'accordant à la femme séparée qu'un minimum de

(1) C. c., 1449.

liberté, le droit d'administration a indiqué l'intention du législateur de maintenir encore l'union des époux dans la plus large mesure possible, et de favoriser par là leur réconciliation et leur réunion future. La séparation de corps est une exception ; les dérogations qu'elle apporte à la règle commune doivent donc être énoncées ; nulle part, elle n'accorde à la femme séparée le droit de se faire naturaliser ; le lien du mariage subsiste sur tous les points où il n'est pas expressément dissous ; la femme séparée de corps n'a donc pas, pour se faire naturaliser, une capacité plus grande que la femme mariée.

La perte de la qualité de Français, encourue par l'un des époux, s'étendra-t-elle à l'autre ? La négative ne fait pas de doute si c'est à titre de peine (1); les peines sont essentiellement personnelles. Même si le mari a perdu sa qualité de Français par suite de son établissement à l'étranger, sans esprit de retour (2), nous déciderons, d'après les principes que nous avons exposés, que la femme perdra sa nationalité seulement, si elle aussi s'est établie et a perdu l'esprit de retour. Si elle a suivi son mari seulement pour se conformer à son devoir conjugal, elle demeure Française. Les rédacteurs du

(1) C. c., 21, p. 75.
(2) C. c., 17.

Code en firent expressément la remarque lors de la discussion de l'art. 214 au conseil d'État.

D'ailleurs, l'effet produit par les art. 12 et 19 est définitif et survit au mariage. La femme étrangère ne recouvre pas, à son veuvage, sa nationalité française *ipso facto* : elle doit remplir certaines conditions, qui, il est vrai, sont exceptionnellement favorables. La femme devenue Française par son mariage ne perdra cette qualité à son veuvage que si elle est dans les mêmes conditions que toute autre personne.

Si le mari n'a pas le droit de changer la nationalité de sa femme, *a fortiori*, il ne peut la contraindre à changer de religion. La loi civile, nous l'avons dit, ne s'occupe pas de la religion, ni au moment du mariage ni après. D'ailleurs la loi chrétienne, si elle a prohibé le mariage de ses fidèles avec des personnes d'une autre religion, n'a jamais été jusqu'à dire que les mariages dussent entraîner l'unité de culte. La femme chrétienne ne passe pas *in sacra mariti*.

La loi civile reconnaît la liberté religieuse et l'indépendance de la conscience. Elle aurait donc le droit d'intervenir si le mari voulait abuser de son autorité, soit pour contraindre sa femme à abjurer ses croyances, soit pour l'empêcher de pratiquer librement son culte. Ce fait tomberait sous l'application de l'art. 260 du Code pénal qui est ainsi conçu : « Tout particulier qui par des voies de fait ou des menaces aura contraint ou empêché une ou plusieurs personnes d'exercer l'un des cultes autorisés, d'assister à l'exercice de ce culte, de célébrer certaines fêtes, d'observer certains jours de repos, et en conséquence d'ouvrir ou de fermer leurs ateliers, boutiques ou magasins et de faire ou quitter certains travaux, sera puni, pour ce seul fait, d'une amende de 16 à 200 francs et d'un emprisonnement de six jours à deux mois. » On remarquera qu'il faut des voies de fait ou des menaces ; le délit n'a lieu que lorsque le culte entravé est l'un de ceux reconnus par l'État.

L'entrave apportée par le mari au libre exercice du culte de sa femme pourrait dans certaines circonstances constituer une injure grave, et être une cause de séparation de corps. La simple défense faite par le mari à sa femme de pratiquer son culte serait nulle et de nul effet ; la femme ne sera pas tenue d'obéir à un tel ordre et aucun tribunal ne pourra sanctionner par un jugement cet abus d'autorité.

D'autre part, la loi ne saurait prêter son concours aux prescriptions d'un culte ; elle aura le droit de n'en tenir aucun compte si elles sont contraires à l'ordre public et aux lois établies. Une femme qui par exemple aurait fait vœu de chasteté ou qui voudrait vivre dans la solitude, ne trouverait aucun appui dans la justice et ne se verrait pas moins contrainte de réintégrer le domicile conjugal et de remplir ses devoirs envers son mari.

La seconde conséquence de l'union des époux, c'est l'unité de domicile, comme pour la nationalité, c'est le domicile du mari qui est choisi : « La femme mariée n'a point d'autre domicile que celui de son mari (1). »

En effet, quoi de plus juste que les motifs de la loi? N'est-ce pas auprès du mari que la femme a le plus souvent son principal établissement? N'est-ce pas là qu'elle réside? Ses actes judiciaires doivent être autorisés par son mari : n'est-ce pas chez lui qu'il est naturel de lui envoyer les assignations et les significations qui lui sont destinées ?

Mais l'identité de domicile est plus qu'une simple présomption; c'est une règle de droit qui s'impose, une loi d'ordre public qui ne souffre pas de dérogation. Aussi non-seulement la femme ne peut s'y soustraire, le mari lui-même n'a pas le droit de lui donner un domicile distinct. « La résidence distincte de la femme mariée ne peut être, » — comme le disait le tribun Mouricault dans son rapport au Tribunat sur le titre *Du domicile,* —

(1) C c , 108.

« que l'effet d'une espèce de délit de sa part ou d'une tolérance momentanée de la part de son mari. *Le consentement formel même du mari ne peut lui conférer le droit d'avoir un autre domicile que le sien.* »

La femme partage le domicile de son mari alors même qu'en fait elle réside ailleurs. La séparation de corps elle-même, qui établit pour la femme une résidence séparée, laisse subsister son domicile légal au domicile du mari.

Peu importe d'ailleurs que le mari ait lui-même un domicile dépendant d'autrui; s'il est interdit, par exemple, la femme aura son domicile chez son tuteur.

On admet généralement une exception au principe de l'identité de domicile, et on autorise la femme commerçante, exerçant un commerce séparé de celui de son mari, à avoir un domicile distinct pour ses actes de commerce. Cette exception, déjà admise par l'ancien droit, est fondée sur la rapidité et la bonne foi qui président aux négociations commerciales (1).

L'identité de domicile s'impose à la femme, mais la communauté de résidence est un devoir pour elle : « La femme est obligée d'habiter avec le mari et de le suivre partout où il juge à propos

(1) Cassat., 1er mai 1823.

de résider (1). » Plusieurs coutumes dispensaient la femme de suivre son mari à l'étranger. Pothier était dans ce sentiment (2) ; les rédacteurs du projet de notre titre l'avaient partagé. Mais lors de la discussion cette exception fut expressément écartée sur l'intervention du premier consul, et la rédaction si précise du texte actuel ne laisse subsister aucun doute (3).

La femme peut, dans quelques cas, être dispensée de l'obligation de résider avec son mari. C'est d'abord lorsqu'en le faisant elle commettrait un délit, violerait les lois générales. Ainsi la femme n'est pas astreinte à accompagner son mari à l'étranger si l'émigration est défendue ; la femme soumise à la surveillance de la haute police ne sera pas obligée de commettre le délit de rupture de ban pour suivre son mari dans un lieu où il lui est interdit de résider.

En second lieu, à l'obligation de la femme correspond une obligation du mari : « Il est obligé de recevoir sa femme, et de lui fournir tout ce qui est nécessaire pour les besoins de la vie selon ses facultés et son état (4). » Si le mari n'offre à sa femme qu'une résidence indigne, honteuse,

(1) C. c., 214.
(2) Pothier, *Contr. de mar.*, 282. — **Puiss. du mari.**
(3) Locré, *Législ. civ.*, IV, p. 393.
(4) C. c., 214.

s'il la contraint à des voyages qui ruinent sa santé, la femme pourra avoir une résidence de fait distincte, et les tribunaux pourront refuser d'obtempérer aux réquisitions du mari tant que lui-même violera ses engagements (1).

Quelle est la sanction de l'obligation de résidence? Le tribun Mouricault voyait dans sa violation par la femme « une espèce de délit. » A coup sûr, il n'existe pas de peine au Code pénal et il ne saurait y en avoir; c'est une affaire domestique, et au mari appartient de sévir. Par des coups et « resnables châtiments, » comme disait Beaumanoir? Notre législation n'admet plus cette brutalité. Par la perte de son douaire? Le douaire n'existe plus, et aucun texte ne permet de lui assimiler, en ce cas, les avantages matrimoniaux qui peuvent résulter du contrat (2). La seule punition possible sera le droit pour le mari d'intenter une action en séparation de corps, si ce mépris de son autorité constitue une injure grave envers lui. L'abandon n'est plus en effet aujourd'hui comme dans la loi du 20 septembre 1792, et dans le projet de l'art. 306 du Code civil, une cause déterminée de séparation de corps.

Avant de punir, le mari pourra-t-il con-

(1) Cassat., Req. 20 oct. 1860.
(2) Pothier, *Du douaire*, 257.

traindre au respect de la foi conjugale? Nous ne mettons pas en doute que le mari ne puisse refuser des aliments, retenir les enfants, et saisir, avec l'autorisation du tribunal, les revenus de la femme, même pour les biens dont elle a la jouissance. Nous ne verrions toutefois dans ce dernier moyen qu'une voie de contrainte, et non pas une source de dommages-intérêts, à moins toutefois que l'absence de la femme n'ait causé au mari un préjudice autre que le préjudice moral (1). Le mari aura-t-il le droit de recourir à la force publique pour faire réintégrer à son épouse le domicile conjugal? Il n'a aucune qualité pour requérir la force publique, et l'acte de mariage n'est pas un titre exécutoire; mais il pourra obtenir un jugement ordonnant à sa femme de remplir ses obligations. On a soutenu que ce jugement ne saurait avoir d'autre sanction que des dommages-intérêts parce qu'il y avait là une obligation de faire. Mais des art. 1143, 1144 résulte que la loi autorise l'exécution directe du fait quand elle est possible ; nous croyons donc que les tribunaux pourront ordonner que la femme soit, en cas de non-exécution volontaire, reconduite au domicile de son mari *manu militari ;* nous estimons même que c'est la seule exécution

(1) C. c., 1149.

possible du jugement, car il serait bien difficile de déterminer le montant des dommages-intérêts à allouer pour l'inexécution d'une obligation toute morale. Il ne s'agit point là d'un droit de créance, mais d'un droit de puissance; il n'y a ni préjudice, ni privation de gain (1).

La puissance publique a concentré en elle-même tout droit de recourir à la force; mais si elle a confisqué le pouvoir, elle en a les obligations. Elle ne peut refuser au mari son concours après l'avoir dépouillé de tout droit de coercition personnelle.

Le mari, en effet, n'a aucun droit d'user lui-même de la force. Un mari peut commettre le crime d'arrestation, de détention, ou de séquestration illégale sur sa femme, comme sur toute autre personne (1). Il a le droit de recourir non-seulement à la persuasion, mais à son autorité morale pour ramener ou retenir la femme au foyer domestique; il peut s'adresser aux tribunaux pour l'y contraindre; il ne peut lui-même l'y obliger par la force ou la menace. Sans doute les tribunaux devront apprécier avec beaucoup de soin si en fait l'intention criminelle existe; mais, en thèse générale, la séquestration d'une femme par son mari est illégale.

La femme, outre la nationalité et le domicile

(1) V. *Contra* Colmar, 10 juillet 1863.
(1) C. P., 341, seq.

*Sa.*                          11

de son mari, prendson nom, partage ses titres et
ses honneurs. Elle suit, en un mot, la condition
sociale de son mari.

Cet effet du mariage et de la puissance maritale, bien qu'il ne soit écrit nulle part, est incontestable.

Il n'est pas davantage contesté que la femme
ne peut conférer à son mari ses titres et noms.
C'est donc par un abus que quelquefois les maris ajoutent à leur nom celui de leur femme, les
enfants celui de leur mère. La femme toutefois,
dans les actes, sinon dans les mœurs, conserve
son nom, en y ajoutant celui de son mari.

Il arrive aussi souvent, dans les usages du
commerce, que la raison sociale comprend le
nom du mari et celui de la femme quand leurs
négoces ont été réunis.

Nous ne croyons pas, par suite, qu'il serait
conforme au principe général de l'égalité sociale
des époux d'accorder à l'un des époux un titre sans
l'accorder à l'autre. Le caractère personnel de certains titres n'en exclut jamais le conjoint, mais seulement les descendants et les collatéraux. Accorder un titre à une femme sans l'accorder au mari
serait particulièrement offensant pour l'autorité
maritale, en créant, à celui qui de droit est chef,
une position inférieure, à un certain point de vue.

Notre législation n'a d'ailleurs jamais reconnu

les mariages morganatiques qui autorisent ces
inégalités

Mais la femme ne partage pas nécessairement
la profession de son mari ; elle n'est pas commerçante parce que son mari exerce le commerce,
alors même qu'elle aide son mari dans son négoce (1).

La *fidélité* réciproque est la conséquence de
l'union conjugale et le premier devoir des deux
époux. Ce devoir est d'abord tout moral ; mais il
a aussi une sanction pénale. L'adultère est puni
par le Code pénal moins sévèrement que dans
l'ancien droit : ce n'est plus un crime, mais un
délit. M. de Montseignat, en exposant au Corps
législatif les motifs du projet, regrettait cette in-
dulgence et en rejetait la faute sur les mœurs et
sur l'opinion.

D'autre part, le Code pénal punit et l'adultère
de la femme et l'adultère du mari : c'est sur le
droit romain un progrès dont l'honneur revient
au Christianisme. L'égalité n'est pas toutefois
complète, car la peine du mari est moins sévère
et plus rarement applicable.

L'adultère de la femme constitue un délit où
qu'il soit commis, et dès qu'il a été commis. L'a-
dultère du mari n'est punissable qu'autant qu'il

(1) C. comm., 5.

réunit les deux éléments suivants : 1° qu'il a été commis dans la maison conjugale; 2° qu'il ne constitue pas un délit passager, mais une habitude délictueuse. Il faut, en un mot, que le mari ait entretenu une concubine dans le domicile conjugal (1).

Cette inégalité repose sur plusieurs motifs : l'adultère du mari est un moindre trouble social que celui de la femme; il est encore plus difficile à établir, hors le cas de flagrant délit. Enfin, et cette considération n'est pas la moins juste à notre avis, l'injure que la femme fait à son mari est dans tous les cas très-grave, parce que c'est la négation de son droit de puissance, de son droit de seigneur et maître, les lois barbares disent même de propriétaire, de la personne de sa femme. L'injure que le mari infidèle fait à sa femme a au contraire besoin de tout un cortége de circonstances scandaleuses pour être suffisamment grave et mériter une répression aux yeux de la loi.

La répression du délit d'adultère n'appartient pas à l'époux offensé; la puissance publique a seule, dans notre droit, le pouvoir de punir. La répression est donc exercée par la société, qui a pour mission de protéger le droit de chacun. Le

(1) C. c., 230 ; C. P., 339.

droit de la société est en outre pleinement justifié par le caractère social du contrat qui a été violé, par l'intérêt social à ce qu'il soit observé et respecté. Mais, à la différence de ce qui a lieu le plus souvent dans notre droit, ce n'est pas la société seule qui poursuit ou qui punit : le mari ou la femme intervient dans cette répression de deux façons : l'adultère ne peut être poursuivi que sur la dénonciation du conjoint ; — le mari a le pouvoir d'arrêter les effets de la condamnation en pardonnant.

L'article 336 du Code pénal dit en effet : « L'adultère de la femme ne pourra être dénoncé que par le mari ; » et l'art. 339 : «... le mari qui aura été convaincu sur la plainte de la femme... » L'action publique ne peut donc être mise en mouvement que par l'initiative de la partie lésée. Examinons les motifs et l'étendue de cette exception au droit commun par rapport au mari.

Diverses raisons ont décidé le législateur : ne pas permettre que la paix d'un mariage concordant soit troublée par la malignité des tiers ou par des poursuites imprudentes ; alors même que les faits seraient prouvés, le scandale en rejaillirait, dans une certaine part, sur le mari qui n'a pas su les empêcher ; la protection qui lui serait accordée malgré lui serait plus funeste que l'outrage dont il a été l'objet. Enfin ce délit, bien qu'il porte certainement atteinte à la morale sociale, retient néanmoins un caractère privé, domestique, est, avant tout, une atteinte au droit du mari sur sa femme. Si le droit de punir n'est plus exercé par le mari, c'est du moins en son nom qu'il est exercé par la société.

Ce dernier caractère nous paraît en particulier ressortir des fins de non-recevoir qui peuvent être opposées au mari. Le mari ne peut se plaindre de l'adultère de la femme s'il est lui-même coupable d'adultère dans les termes où la loi reconnaît que l'adultère du mari est un délit (1). La loi n'admettrait pas une telle excuse pour un délit ordinaire ; un voleur ne serait pas recevable à opposer qu'il a volé des gens de son espèce ; un viol peut être commis sur une prostituée. Mais entre personnes qui ont des relations aussi intimes les questions doivent s'apprécier *ex æquo et bono*. De quel front un mari ose-t-il se plaindre quand il donne lui-même le mauvais exemple à celle qui a pour mission de diriger dans la vie ? La loi ne peut prêter son appui à la puissance du mari, quand il s'est affranchi le tout respect pour son épouse.

La loi a soigneusement tracé les limites de la fin de non-recevoir ; il faut que le mari ait été con-

(1) C. P., 336, 339.

damné pour adultère en vertu de l'article 339;
alors seulement le mari est convaincu. La loi n'a
pas admis que tout adultère du mari fût une
cause suffisante d'excuse pour la femme; c'eût
été donner carrière à toutes les suppositions de
la jalousie au profit d'une femme peu recom-
mandable; la loi ne pouvait d'ailleurs reconnaître
pour adultère du mari que la faute qu'elle punissait.

L'exception tirée de l'article 339 est une véritable exception préjudicielle; sans doute la femme
peut la produire au cours de l'action intentée contre elle; mais il faut qu'elle soit vidée tout d'a-
bord : un même jugement ne peut statuer sur les
deux griefs; la plainte de la femme n'est pas une
plainte reconventionnelle.

Nous ajouterons à l'article 336 que le consentement donné par le mari aux débordements de
sa femme établirait contre son action la même fin
de non-recevoir. Cette exception n'est pas, il est
vrai, inscrite au Code, mais elle nous paraît résulter des principes que nous venons de développer.
Dès que le mari a sanctionné de son autorisation,
de sa connivence, les fautes de sa femme, il n'est
plus recevable à s'en plaindre; il n'y a même pas
matière de plainte. Si c'était la société qui inten-
tât l'action, ce motif ne serait pas valable; mais
c'est le mari qui réclame une répression contre

l'infidélité de sa subordonnée. L'autorisation expresse qu'il a accordée ne doit-elle pas être au moins aussi efficace que l'autorisation implicite résultant de torts réciproques? Il est vrai que le projet de Code contenait cette fin de non-recevoir et que la rédaction définitive ne l'a pas reproduite; mais c'est que la disposition du projet donnerait en ce cas le droit au ministère public de poursuivre la condamnation des deux époux, et portait ainsi atteinte au caractère privé de la poursuite.

Le mari a-t-il le droit, après avoir dénoncé l'adultère de la femme, de faire cesser les poursuites en retirant sa plainte?

Cette question est fort délicate. On soutient, en faveur de la négative, que l'action du ministère public, une fois mise en mouvement, ne saurait être enchaînée; qu'une fois le scandale produit, la société doit être satisfaite par une expiation; que le droit de poursuite doit être distingué du droit de plainte, et que le premier droit n'appartient nullement au mari.

L'affirmative nous paraît cependant plus conforme aux principes de la matière, et nous pouvons sans crainte nous placer sur ce terrain; nous sommes ici en une matière exceptionnelle et qui fait exception à toutes les règles; ce ne sont donc point les règles habituelles sur l'action civile qu'il faut rechercher ; les principes généraux sur l'action publique sont invoqués à tort. Quel a été le but du législateur en réservant au mari seul le droit de dénonciation ? D'éviter le scandale. Même à ne considérer que ce motif, il est clair qu'une simple plainte n'aura point ébruité l'affaire, que, même après les débats commencés, le mari, en se désistant, en se réconciliant, a pu faire taire la médisance, qu'un jugement cause un scandale plus grave qu'une simple dénonciation et creuse un abîme plus profond entre les époux. Si on admet en outre comme nous que le droit exclusif du mari a son fondement dans son pouvoir domestique sur la personne de sa femme, il est naturel et juste que le droit d'action lui appartienne à lui seul. Enfin, en accordant au mari le droit de faire cesser l'exécution du jugement de condamnation, en pardonnant à sa femme, c'est-à-dire d'infirmer un acte définitif et souverain de la puissance publique, le Code pénal lui a reconnu *a fortiori* le pouvoir d'arrêter les poursuites. C'est donc avec raison que la Cour de cassation a décidé : « que l'action du ministère public cesse d'avoir un caractère légal lorsque pendant les poursuites le mari retire la dénonciation par une déclaration formelle, ou lorsqu'il en anéantit l'effet par un pardon ou par une réconciliation résultant de cir-

constances donl l'appréciation appartient aux tribunaux (1). »

Ce qui contribue à déterminer le caractère de
la fin de non-recevoir opposable au mari, c'est
que le Code n'a pas établi la même pour la femme.
La femme qui poursuit la répression de l'adultère
de son mari ne peut se voir objecter le sien
propre.

D'ailleurs, quelle que soit l'étendue de la préro-
gative du mari, nous n'irons pas jusqu'à prétendre que ce soit lui qui exerce l'action publique;
c'est réellement le ministère public qui l'exerce.
Ainsi le mari en se portant partie civile ne peut
faire revivre l'action éteinte pour la partie publique; il ne pourrait se pourvoir seul en cassation
contre l'arrêt de la chambre des mises en accusation, disant qu'il n'y a pas lieu d'ordonner les
poursuites (2). Dès lors, nous n'admettrons pas,
comme certains arrêts, que le mari puisse appeler *a minima* contre le jugement de condamnation,
ni surtout qu'il soit recevable à appeler seul du
jugement acquittant sa femme et à requérir, sans
le concours du ministère public, l'application de
la peine. D'autre part, nous refuserons au ministère public le droit d'interjeter seul appel
d'un jugement d'acquittement; si le mari l'a ac-

(1) Cassat., 7 août 1823
(2) Cassat., 28 juillet 1828. F. Hélie, n° 1449.

cepté, il y a eu là une sorte de transaction, de
réconciliation ; il se peut d'ailleurs que le mari se
soit aperçu de son erreur et ait acquis la convic-
tion de l'innocence de son épouse ; faire naître de
nouveau l'affaire, malgré le mari, c'est aller di -
rectement contre le vœu de la loi.

Nous avons déjà fait allusion au droit de grâce
du mari. Le mari jouit en effet de ce droit exorbitant d'arrêter l'effet d'une condamnation prononcée contre sa femme par un tribunal pour adultère, s'il consent à la reprendre chez lui (1).
Comme le dit le Code pénal, il reste maître de l'effet de la condamnation. Nouvelle preuve du caractère disciplinaire, domestique, du rôle du mari
dans la répression de l'adultère de sa femme.

Une autre trace de cette idée que l'adultère est
une atteinte aux droits du mari comme maître,
c'est que le complice de l'adultère de la femme
est seul punissable d'une manière spéciale ; le
complice de l'adultère du mari ne l'est que dans
les termes du droit commun, en vertu des art. 59
et 60 du Code pénal (2). La loi juive disait :
« Tu ne prendras pas la femme de ton prochain,
ni son bœuf, ni son âne, ni rien qui soit à lui. »
Le complice de la femme adultère est un voleur,
un usurpateur. En droit romain on peut le tuer.

(1) C. P., 337.
(2) C. P., 338.

Son crime est un attentat non pas seulement contre la faiblesse de la femme, mais aussi contre le droit du mari.

Le mari ne peut dénoncer le complice qu'autant qu'il accuse sa femme. « Est enim crimen duorum, » disait Ferrière. En droit romain, le père ne pouvait tuer le complice surpris en flagrant délit qu'autant qu'il tuait aussi sa fille (1).

Le complice est protégé par l'immunité de la femme ; le ministère public n'a pas le droit de le poursuivre directement, parce que ce serait indirectement établir l'adultère de la femme ; mais dès que le mari a dénoncé sa femme, nous n'hésitons pas à décider que le ministère public peut rechercher et poursuivre le complice. Si le mari retire sa plainte et empêche ainsi la condamnation de sa femme, les poursuites ne pourront être continuées contre le complice ; il en serait de même dans le cas où la mort de la femme interromprait l'action contre elle ; mais la condamnation une fois devenue définitive contre la femme, le pardon n'arrêterait pas l'action contre le complice. Si le mari reprend sa femme après la condamnation, le complice n'en continuera pas moins à subir sa peine.

En résumé, le délit commis par le complice est, il est vrai, suivant nous, un délit contre les droits

(1) Cassat., 16 nov. 1855.

du mari sur sa femme; mais la société a le droit de le punir, parce qu'il n'existe pas entre le coupable et sa victime les mêmes liens d'affection, d'autorité et d'obéissance domestique qu'entre le mari et sa femme ; c'est un délit contre un individu, mais ce n'est pas un délit privé; le droit d'action de la société est enchaîné par le droit d'action du mari, en ce sens que, dès que l'action principale contre la femme s'éteint, celle contre le complice cesse ; mais c'est la seule limite au droit de la société de poursuivre ce délit. Nous ajouterons que ce nom de complice nous paraît assez mal choisi; c'est véritablement un coauteur; le crime de l'un ne pourrait se commettre sans le concours de l'autre.

La mort du mari fait tomber la poursuite, parce que l'action publique a besoin, à tout moment, du concours du mari, et que ce dernier pourrait à tout moment retirer sa plainte. Les héritiers du mari n'auraient pas plus le droit de se substituer à son action que d'en intenter personnellement une nouvelle.

Le ministère public est maître d'inculper la femme de tout autre délit contre les mœurs (outrage public à la pudeur, attentat à la pudeur), alors même qu'il impliquerait l'adultère ; on ne peut en effet étendre l'exception hors de ses termes.

Il nous reste à dire un mot de la peine de l'adultère ; cette peine est loin d'être sévère. Le mari n'est puni que d'une amende de 100 francs à 2,000 francs ; la femme est punie d'un emprisonnement de trois mois à deux ans, le complice de la même peine d'emprisonnement et en outre d'une amende de 100 francs à 2,000 francs.

Nous avons jusqu'ici raisonné en matière pénale. Le Code civil donne une autre sanction à l'obligation de fidélité conjugale. L'adultère de la femme dans tous les cas, l'entretien par le mari d'une concubine au domicile conjugal sont des motifs de séparation de corps. Ici nous retrouvons encore le principe de l'inégalité entre les époux. Si la séparation de corps est prononcée pour adultère commis par la femme, le tribunal doit condamner, par le même jugement, la femme coupable à la réclusion dans une maison de correction, pendant trois mois au moins et deux ans au plus (1). La diversité de peine, le défaut d'harmonie qui en résulte entre les deux Codes ne peut s'expliquer que par la distance des deux rédactions et n'est guère justifiable. Quant au motif de cette disposition, on a voulu éviter le scandale d'une seconde instance.

Mais nous voyons encore là un reste de la juridiction domestique du mari et de son pouvoir sur sa femme ; l'adultère est avant tout vis-à-vis

(1) C. c., 308.

de lui une atteinte à son honneur, une violation
de ses droits comme chef. On ne veut pas permettre au mari de veiller seulement sur son repos, et
d'abandonner son honneur; il faut que la femme
soit punie, et il en sera ainsi, qu'il le requière
ou non. Aucune peine n'est au contraire prononcée par le tribunal civil contre le mari convaincu
d'adultère et séparé de corps par ce motif. La
femme peut réclamer au tribunal correctionnel la
vengeance de son injure, mais le juge civil n'a
aucune autorité pour l'accorder ; il faut qu'elle
s'adresse aux juges investis du pouvoir de répression.

Si le droit du mari sur la personne de sa femme
est exclusif, il n'est pas illimité. La jurisprudence
a en effet reconnu avec raison que le crime d'attentat à la pudeur avec violence peut être commis
par un mari sur sa femme. « Attendu, dit un
arrêt, que la disposition de l'art. 332, § 3, du Code
pénal est générale et absolue, qu'elle n'admet aucune exception; que si le mariage a pour but
l'union de l'homme et de la femme, et si les devoirs qu'il impose, la cohabitation, l'obéissance de
la femme envers le mari, établissent entre les époux
des rapports intimes et nécessaires, il ne s'ensuit
pas que dans cette condition la personne de la
femme cesse d'être protégée par les lois, ni qu'elle
puisse être forcée de subir des actes contraires à

la fin légitime du mariage ; que dès lors, si le
mari a recours à la violence pour les commettre,
il se rend coupable du crime prévu par l'article
précité du Code pénal (1). » Cette doctrine est
conforme à l'ancienne jurisprudence. Farinacius
déclare même que ce crime est plus grave sur l'é-
pouse que sur toute autre personne : « Gravius
est delictum cum uxore quam cum aliena femina. »
Remarquons d'ailleurs qu'il n'y a attentat que si
l'acte est contraire aux fins légitimes du mariage.

Le Code pénal présente encore une dérogation
au droit commun au profit des époux. L'art. 380
est ainsi conçu : « Les soustractions commises par
des maris au préjudice de leurs femmes, par des
femmes au préjudice de leurs maris, par un veuf
ou une veuve quant aux choses qui avaient ap-
partenu à l'époux décédé, par des enfants ou autres descendants au préjudice de leurs pères ou
mères ou autres ascendants..... ne pourront donner lieu qu'à des réparations civiles. » Cette exception au droit commun est fondée sur l'union
étroite qui existe entre les conjoints. « Les rapports entre ces personnes, dit l'exposé des motifs,
sont trop intimes pour qu'il convienne, à l'occasion d'intérêts pécuniaires, de charger le ministère
public de scruter les secrets de famille, qui peut-

(1) Cassat., 21 nov. 1839.

être ne devraient jamais être dévoilés ; pour qu'il ne soit pas dangereux qu'une accusation puisse être poursuivie dans des affaires où la ligne qui sépare le manque de délicatesse du véritable délit est souvent très-difficile à saisir. « Empêcher le scandale, ne pas porter en public des débats de famille ; c'est le motif moral de cette loi ; son fondement juridique est dans cette espèce de copropriété de fait des deux époux sur leurs biens propres, de confusion des patrimoines en même temps que des existences, de responsabilité réciproque des actes de l'autre conjoint.

L union étroite indivisible des deux époux, la souveraineté du mari, sont les deux principes fondamentaux des droits personnels des époux. Les ois d'ordre général, les grands principes de liberté de conscience, de liberté individuelle, sont les limites. Il se présente en fait, on le conçoit, une foule de questions où le conflit de ces principes met les tribunaux dans l'embarras. Nous donnerons à titre d'exemples les deux conséquences suivantes de nos principes.

Ainsi on s'est demandé si un mari avait le droit de décacheter et d'intercepter des lettres adressées à sa femme. L'affirmative ne nous paraît pas douteuse. Le mari a le contrôle des actes de sa femme ; il a droit à son obéissance, il a droit à toute sa personne et peut lui interdire telle ou telle relation. La femme ne peut objecter qu'il y a atteinte à sa liberté personnelle : l'union qui doit exister entre époux lui interdit d'avoir des secrets pour son mari.

La femme peut-elle reconnaître un enfant naturel sans l'autorisation de son mari? L'art. 337 reconnaît à cet égard l'absolue indépendance des deux époux, et règle les effets de cet acte vis-à-vis de l'autre conjoint. C'est là, en effet, un acte de liberté individuelle. Le mari n'a le droit d'y rien redire ; il ne peut s'opposer à l'accomplissement d'un devoir de conscience qui ne porte aucune atteinte à son autorité.

Mais aucun des époux ne peut reconnaître un enfant adultérin, car c'est fouler aux pieds le mariage.

L'autorité du mari sur la personne de la femme peut être modifiée par la séparation de corps.

La séparation de corps ne dissout pas le mariage ; les devoirs de fidélité réciproque restent les mêmes ; la femme garde le nom et la nationalité de son mari ; rien, à cet égard, n'est modifié et, sauf une seule dérogation, la puissance maritale reste absolument la même.

La femme séparée de corps est seulement affranchie du devoir de cohabitation ; par suite, elle a le droit d'avoir une résidence distincte de celle du mari, mais non pas, nous l'avons dit, **un** domicile juridique autre que le domicile conjugal : elle n'a de propre qu'un domicile de fait. Non-seulement elle a droit à avoir cette habitation séparée, elle a droit à ce que le mari ne la partage pas ; s'il y pénétrait à son insu ou malgré elle, il commettrait une violation de domicile comme toute personne étrangère. Si le mari cherchait à se rapprocher de sa femme malgré elle, il se rendrait coupable du crime de viol.

La séparation de corps doit être prononcée en justice ; elle ne peut s'obtenir par le consentement mutuel des époux ; la loi a fixé limitativement (1) les causes de séparation de corps ; elle n'y est pas favorable, et nous croyons que les juges du fait doivent se montrer fort stricts dans l'admissibilité des faits qui peuvent y donner lieu.

La loi est, au contraire, favorable à la réconciliation des époux, qui fait cesser cet état anormal (2).

(1) C. c., 229-232.
(2) C. c., 1451.

# CHAPITRE II

AUTORITÉ DU MARI SUR LES ACTES DE LA FEMME.

La puissance du mari n'est pas bornée à la personne de la femme; elle s'étend en une certaine mesure sur sa volonté même. La femme mariée ne peut, sans l'autorisation de son mari, ni ester en jugement, ni faire certains actes judiciaires et extrajudiciaires (C. 215, 217). Il en résulte une incapacité particulière créée pour la femme (C. 1124).

Quelle est la cause de cette puissance et de cette incapacité? La question n'est pas moins vivement débattue entre les modernes commentateurs du Code civil qu'elle ne l'était jadis entre les interprètes du droit coutumier. La souveraineté du mari, la faiblesse naturelle de la femme, l'intérêt de la famille, l'intérêt des époux, sont indiqués.

Ces idées ont chacune quelque chose de juste; ce qui est faux, c'est la place exclusive qu'on leur assigne. L'incapacité de la femme a son motif, personne ne le contestera dans le mariage, puisque, seule, la femme mariée en est frappée. Le mariage est une société qui a besoin d'un chef pour ne pas être une anarchie. La faiblesse du sexe féminin a fait assigner ce rôle prépondérant au mari plutôt qu'à la femme ; le mari a le commandement, a le gouvernement de la société conjugale ; la femme doit obéir. La nécessité à laquelle la femme est soumise de faire autoriser ses actes par son mari repose tout d'abord sur la puissance maritale.

Mais la puissance du mari entraîne des devoirs ; elle lui impose celui de protéger sa femme : « La femme doit obéissance à son mari. Le mari doit protection à sa femme. » Sans doute il faut que la femme soit assujettie ; mais cet assujettissement même doit servir à la protéger ; il faut que la direction appartienne au mari ; mais il ne faut pas qu'il dirige la société conjugale dans son unique intérêt.

N'est-il pas naturel, d'ailleurs, que la femme mariée ait besoin d'une protection, sinon à raison de son sexe, du moins à raison de sa situation dans la société ? Le mariage crée des intérêts compliqués ; il y a tout une famille à conduire ; les biens des époux forment, en totalité ou en partie, un patrimoine qui doit surtout servir aux intérêts du ménage.

Le second motif de la puissance maritale paraît donc bien la protection due par le mari à sa femme.

Ce qui confirme cette théorie, ce sont les différences qui existent entre le Code civil et l'ancien
droit, où l'autorité maritale était le seul fondement de la puissance du mari.

La nullité qui résulte du défaut d'autorisation
ne peut pas être opposée seulement par le mari,
elle peut l'être également par la femme, dont le
consentement a été vicié, imparfait, quand il est
lépourvu du conseil et de l'assistance auxquels
la loi le soumet.

La nullité qui résulte du défaut d'autorisation
n'est pas une nullité absolue, d'ordre public, il
faut qu'elle soit demandée ; elle ne peut l'être
que par les époux et leurs ayant-cause.

Mais nous remarquerons que cette idée de protection, que nous ne contestons pas, repose elle-
même en dernière analyse sur la puissance du
mari ; c'est la conséquence de cette puissance ;
c'est le devoir corrélatif à ce droit ; c'est parce
que le mari a la responsabilité de la conduite
du ménage, qu'il importe qu'un être, qu'on
considère comme moins capable, ne compromette
pas des intérêts qui lui sont confiés à lui personnellement ; c'est parce que le mari a la responsabilité dans une certaine mesure des actes et
de la conduite de sa femme, ainsi que nous
l'avons fait remarquer à propos de l'adultère de
cette dernière (1). Si la femme a besoin d'une

(1) C. P. 336.

.protection, d'un supplément de capacité, c'est parce qu'elle est subordonnée et partant inférieure à son mari.

Nous remarquons, d'ailleurs, que les actes qui sont soumis à la nécessité de l'autorisation sont ceux qui concernent le patrimoine personnel de la femme, c'est-à-dire ceux qui n'ont qu'une influence indirecte sur les intérêts collectifs du ménage. Mais, dit-on, ces biens sont destinés à la famille, aux héritiers des deux époux, et c'est là, .suivant une certaine opinion, le fondement de l'autorisation maritale. L'idée n'est peut-être point parfaitement juste, puisque, la nullité résultant du défaut d'autorisation, les héritiers ne peuvent s'en prévaloir tant que le mariage subsiste, et qu'ensuite ils la font valoir, surtout comme ayant-cause, comme continuateurs de la personne des époux. Un autre argument contre ce système, c'est que l'acte par excellence qui peut intéresser les héritiers et modifier leur héritage, le testament, n'est pas soumis à la nécessité de l'autorisation. Mais, alors même que cette idée serait exacte, que s'ensuit-il ? que le mari n'a pas seulement un devoir de protection envers sa femme, mais aussi un devoir de protection envers la famille ; qu'il est le gardien du patrimoine, qu'il est le chef de la famille. C'est toujours au mari et à sa souveraineté qu'il faut en revenir. C'est pour protéger cette souveraineté que la loi a voulu que la femme fût subordonnée à son mari dans tous les actes de la vie civile.

Quoi qu'il en soit, la nécessité de l'autorisation est la même sous tous les régimes ; elle ne dépend pas de la convention des parties ; le mari seul peut la donner, ou, dans certains cas, la justice ; cette faculté est essentiellement personnelle au mari ; jamais elle ne passe à son tuteur ou à son curateur ; elle commence au jour du mariage et ne se perd qu'à sa dissolution.

L'autorisation s'applique à deux catégories d'actes : aux instances judiciaires et aux différents contrats et actes civils. Nous allons examiner successivement ces deux catégories d'actes. Nous étudierons ensuite la forme et les effets de l'autorisation et les cas où la justice intervient au lieu et place du mari.

## SECTION I.

### DE L'AUTORISATION D'ESTER EN JUSTICE.

« La femme ne peut ester en jugement sans l'autorisation de son mari, quand même elle serait marchande publique, ou non commune, ou séparée de biens » (C., 215).

L'incapacité d'ester en justice est générale pour toute femme mariée ; elle est plus étendue à ce

point de vue que dans l'ancien droit, qui admettait certaines exceptions pour les femmes sépa-
rées de biens ou marchandes publiques.

. Elle s'applique même aux instances commen-
cées avant le mariage. Mais, à la différence de
l'ancien droit, le Code ne prescrit point de reprendre l'instance contre le mari ; il suffit qu'il
prenne la suite de la procédure. Il n'est même
pas nécessaire qu'il intervienne lorsque la
procédure est en état avant le mariage (1).
Alors, en effet, les débats sont clos ; l'intervention du mari n'a plus d'intérêt.

La nécessité de l'autorisation s'applique à la
femme défenderesse aussi bien qu'à la femme demanderesse. Le tiers est obligé de mettre le mari
en cause quand il assigne la femme d'autrui.

La règle est la même devant tous les tribunaux
et devant toutes les juridictions ; elle comprend
même le préliminaire de conciliation, car c'est le
premier acte, le préliminaire indispensable d'un
projet à engager ; elle s'applique à l'appel et au
pourvoi en cassation, aussi bien qu'à l'ajourne-
ment de première instance ; elle persiste à tous les
moments et pendant toute la durée de l'instance.

La femme doit se faire autoriser, même pour
les procès qu'elle intente contre son mari (car

(1) Pr. civ., 342.

c'est en ce cas surtout qu'elle porte atteinte à l'autorité maritale), alors même que son instance aurait pour objet l'annulation de son mariage, ou qu'elle poursuivrait l'interdiction de son mari (1). L'autorisation ne serait pas nécessaire si la femme soutenait, non pas la nullité d'un mariage qui est présumé valide jusqu'au jugement d'annulation, mais l'inexistence de tout mariage en s'inscrivant en faux contre l'acte de célébration produit par son prétendu mari. En effet, demander l'autorisation, ce serait se mettre en contradiction avec elle-même et reconnaître implicitement à son adversaire le titre de mari (2).

Quand elle se défend contre son mari introducteur de l'instance, la femme n'a pas besoin d'autorisation ; l'action du mari implique une autorisation tacite.

Quelque absolu que soit le principe, la loi elle-même y a fait quelques exceptions.

1° L'art. 216 du Code civil indique le cas où la femme défend à une action criminelle ou correctionnelle, ou de simple police. Il importe, en effet, que l'exercice de la répression sociale ne soit pas entravée par le refus d'autorisation du mari ; il faut, en second lieu, que la femme in-

(1) C. c., 490. — Cfr. C. c., 215.
(2) Cassat., 1824.

culpée ou accusée ait, dans.tous les cas, le pouvoir de se défendre (1).

Nous n'hésitons pas à comprendre dans l'exception le cas où l'action est portée directement
devant le tribunal correctionnel par citation de la
partie lésée (2). Le tribunal de répression est
saisi ; il a droit, dans tous les cas, de prononcer
une peine, alors même que le ministère public
ne la requiert pas. Les motifs sont donc les
mêmes, et il n'y a pas lieu de distinguer.

Les art. 875 et suivants du Code de procédure
apportent une seconde exception à la règle. La
femme qui demande la séparation de corps n'a
pas besoin d'autorisation, ni pour présenter sa
requête au président, ni pour intenter l'action.
C'est le président qui, après l'échec de la tenta-
tive de conciliation, accorde à la femme l'autorisation de saisir le tribunal. Il y aurait, en effet,
le plus souvent refus de la part du mari ; s'il y
avait agrément de ce dernier, ce serait une espèce
de consentement donné à la séparation de corps.
Dans l'une ou l'autre hypothèse, il était donc
juste de ne pas requérir d'autorisation.

Il y a lieu aussi d'examiner ce qui constitue
l' « ester en justice. » L'inscription de son hypo-

(1) Locré, *Législ.*, IV, p. 583.
(2) l, c. 145, 182.

thèque légale (2194) ou de toute autre hypothèque, la transcription d'une donation entre-
ͻ ifs (940), un protêt, n'ont que le caractère d'actes conservatoires ; on a même décidé avec raison
que la femme pourrait, sans autorisation, introduire un référé.

Le même droit à l'égard des actes conservatoires sera accordé aux tiers contre la femme.

Mais les actes d'exécution, une saisie, un ordre,
une contribution, sont des actes judiciaires pour
lesquels l'autorisation est indispensable. On l'a
contesté pour l'expropriation, en se fondant sur
l'art. 2208 ; mais le dernier paragraphe de cet
article vise très-clairement le principe de l'autorisation. L'autorisation d'ester en justice est bornée aux instances judiciaires. La femme qui en
est munie n'aurait le droit, ni de transiger, ni
d'acquiescer, ni de renoncer à sa demande ; il lui
faudrait, pour sister, une autorisation aussi bien
que pour ester.

Elle n'aurait pas le droit de déférer le serment
décisoire, qui est une transaction ; son adversairè
n'aurait pas davantage le droit de le lui déférer.
Le serment supplétoire pourrait évidemment être
déféré à la femme par le juge, car c'est un mode
de preuve qui ne lie pas le juge.

La Cour de cassation a décidé avec raison que

la femme autorisée à ester en justice était suffisamment habilitée à répondre à un interrogatoire sur faits et articles (1) ; ce n'est encore qu'une voie d'instruction.

## SECTION II.

### DE L'AUTORISATION MARITALE EN MATIÈRE EXTRAJUDICIAIRE.

La femme est soumise, quant à son patrimoine propre, à la même incapacité pour les actes de la vie civile que pour les actes judiciaires.

Mais le Code n'a pas donné une énumération complète des actes juridiques que la femme ne peut faire seule. Il n'a formulé nulle part un principe net et formel tel que celui-ci : « La femme est incapable de faire aucun acte juridique. » Nous sommes forcés de suivre sa méthode, pour ne pas nous écarter de son esprit ; nous examinerons tout d'abord les actes qu'il a spécifiés ; nous verrons ensuite si les principes ne conduisent pas à une proposition générale.

(1) Cass., 22 avril 1848.

Aux termes de l'art. 217, la femme ne peut, sans autorisation de son mari ou de justice,

1° *Donner ou acquérir à titre gratuit.*

L'art. 934 fait l'application de cet article et dit qu'une femme ne peut accepter une donation sans y être autorisée par son mari. Il en est de même d'un legs ou d'une succession.

Les donations mêmes que la femme ferait à son mari pendant le mariage en vertu et dans les limites de l'art. 1095 sont soumises à la nécessité de l'autorisation. D'ailleurs il y aura toujours autorisation tacite du mari (1), puisque la donation ne sera parfaite que par l'acceptation du mari (2).

L'art. 226 (3), rompant avec quelques coutumes, donne formellement à la femme mariée le droit de disposer librement par testament. C'est là une juste application des principes. Le testament ne produit d'effet qu'après la mort; il est jusque-là révocable; la puissance maritale est donc dissoute quand le testament existe en acte.

Les renonciations à succession, les révocations de donation sont soumises à l'autorisation, comme l'acceptation et la donation. L'art. 1096 fait une

(1) C. c., 217.
(2) C. c., 932.
(3) Cfr., 905.

exception à cette règle. La femme peut révoquer sans autorisation les donations qu'elle a faites à son mari. On a voulu assurer par là l'entière et pleine liberté de la femme.

Il est évident que les acquisitions ou les pertes qui surviennent sans aucun acte de la femme, indépendamment de sa volonté, par exemple par accession, ou par prescription, ne sauraient donner lieu à aucune autorisation du mari.

Nous n'avons pas besoin d'insister de nouveau sur l'utilité particulière du contrôle du mari sur les actes à titre gratuit.

Nous avons indiqué en droit romain les conséquences funestes que pouvait entraîner, au point de vue de l'honneur du mariage et de la puissance du mari, la liberté laissée à la femme mariée d'acquérir ou de disposer à titre gratuit. Le Code a porté remède à ce mal.

2° *Aliéner ou acquérir à titre onéreux.* Ici encore il ne s'agit que des acquisitions ou aliénations volontaires. La prescription suivra son cours au profit de la femme et contre elle, dans les cas où elle peut avoir lieu, sans que le mari ait besoin de donner aucune autorisation.

La prohibition souffre certaines modifications pour les meubles. La femme séparée de biens peut aliéner son mobilier dans de certaines limites (1449).

3°. *Hypothéquer*. C'est une espèce d'aliénation.

Telles sont les seules incapacités formellement énoncées par la loi. L'art. 1124 déclare la femme « incapable de contracter dans les cas exprimés par la loi. » Si l'on voulait accorder à cet article une valeur de principe, il signifierait que la femme est capable de faire tous les actes juridiques, excepté ceux pour lesquels le Code exige expressément le concours du mari. A nos yeux l'art. 1124 n'est qu'un article de renvoi; sa formule ambiguë vient simplement de ce que la capacité ou, si l'on préfère, l'incapacité de la femme subit certaines modifications suivant les régimes; mais il n'a nullement la valeur d'un principe restrictif, qui au fond ne restreindrait rien. En fait, il est certain et il est indiscuté par les auteurs que non-seulement la femme est soumise à d'autres incapacités que celles énoncées par l'art. 217, mais que même l'incapacité de faire aucun acte juridique est la règle pour elle, la capacité l'exception. En effet, comment allons-nous procéder pour déterminer les autres actes qui sont interdits à la femme mariée? C'est en citant les articles qui lui accordent le droit de les faire dans des cas particuliers. La capacité est donc l'exception, puisqu'il a fallu l'énoncer chaque fois expressément.

Ainsi, d'après l'art. 220, « la femme, si elle est marchande publique, peut, sans l'autorisation de son mari, s'obliger pour ce qui concerne son négoce ; » les articles 221, 222, 224 indiquent dans quel cas l'autorisation de justice supplée celle du mari pour habiliter la femme à « contracter. » Il est donc hors de doute que la femme ne peut s'obliger, ni obliger les autres envers elle, puisqu'elle ne peut *contracter*.

En effet, c'est une idée généralement reçue par les auteurs que l'obligation est plus dangereuse que l'aliénation même; au lieu de se restreindre à un bien déterminé, elle engage tous les biens de l'obligé (1). L'incapacité d'aliéner implique donc indirectement celle de s'obliger. Ce qui a pu faire doute, c'est que, lors de la discussion de l'art. 217, la lacune relative à la faculté de s'obliger fut signalée par le Tribunat et ne fut pas comblée (2). C'est une imperfection, comme il s'en trouve quelques-unes dans le Code.

Nous ajouterons que, si la femme ne peut ni aliéner, ni hypothéquer, ni s'obliger, elle ne peut faire aucun des actes qui constituent comme l'hypothèque une aliénation ou une obligation partielle. Ainsi elle ne pourra sans autorisation constituer une servitude, concéder un usufruit, établir une rente perpétuelle ou viagère, ou con-

---

(1) C. c., 2092.
(2) Locré, *Législat. civ.*, IV, p. 458, 459.

*Sa.*                                   13

sentir aucun de ces actes. Elle ne pourra prendre part à un contrat de louage, de prêt, de dépôt, donner ou recevoir un mandat.

Le Code apporte une exception importante, exception qui, comme les précédentes, confirme la règle à l'incapacité de la femme. Aux termes de l'article 1449, « la femme séparée soit de corps et de biens, soit de biens seulement, en reprend la libre administration. Elle peut disposer de son mobilier. Elle ne peut aliéner ses immeubles sans le consentement du mari... » L'art. 217, au contraire, dit que « la femme, même séparée de biens, ne peut aliéner... »

L'interprétation de ces deux articles a soulevé bien des difficultés et fait naître différentes théories. Quant à nous, l'art. 1449 nous paraît apporter une dérogation spéciale à l'art. 217, mais nullement y contredire. Que fait en effet l'art. 1449 ? Il déclare la femme séparée capable d'administrer ses biens (1); dès lors il faut bien qu'il lui laisse ou lui restitue la capacité de faire des actes d'administration. Il ne le fait que dans la mesure qu'il juge convenable, et, pour les actes de disposition, il en exclut les immeubles, bien que dans telle hypothèse une aliénation puisse être un acte d'administration; il permet, au contraire, l'alié-

______

(1) Cfr. C. c., 1536.

nation du mobilier : c'est qu'en effet il est impossible d'administrer une fortune quelconque sans aliéner du mobilier.

Ainsi donc, l'art. 1449 est une disposition d'exception. Le principe et, par suite, la limite de l'exception sont posés dans le premier alinéa de l'article : la faculté pour la femme d'administrer.

Pour déterminer si la femme séparée peut faire tel ou tel acte, il faudra donc examiner deux choses : si cet acte est un acte d'administration, s'il ne dépasse pas la capacité de disposer du mobilier, dernière limite accordée à la liberté de la femme; si l'acte ne satisfait pas à ces deux conditions, on rentre dans le droit commun, c'est-à-dire sous la règle de l'art. 217.

Ainsi, nous n'admettrons pas la femme séparée de biens à faire ou à recevoir seule une donation de meubles, car ce n'est pas un acte d'administration.

Nous ne lui permettrons pas de contracter des engagements sur ses immeubles, même dans l'intérêt de son administration, car ce serait disposer de ses immeubles.

Les tiers ne peuvent se prévaloir de l'art. 2092 ; la règle est que la femme ne peut, sans autorisation, aliéner ses biens : une seule **restriction y est** faite, par la séparation de corps, le droit d'aliéner les meubles (1).

Nous n'estimons pas davantage que les opérations que la femme fait sans l'autorisation de son mari, avec ses capitaux mobiliers, puissent à aucun degré engager ses immeubles, car elle n'a le droit de disposer que de son mobilier ; aucun article ne lui accorde le droit de disposer de ses immeubles, et le dernier paragraphe de l'art. 1449, en lui refusant la faculté d'aliéner ses immeubles, lui dénie le droit de les engager.

Mais, pour être stricts, nous n'interpréterons pas servilement l'art. 1449. Ainsi, on a soutenu que la femme n'aurait pas le droit d'acquérir des immeubles avec ses capitaux mobiliers, parce que cet article ne parle pas de l'acquisition des immeubles. Ce serait interdire à la femme les économies et les placements sûrs ; pour être logique, il faudrait même lui refuser le droit d'acquérir des meubles, car l'article n'en parle pas davantage. Que serait donc une administration où la femme n'aurait le droit de rien acquérir ?

L'art. 1450, en affranchissant le mari de toute responsabilité, quant à l'utilité de l'emploi fait par la femme du prix d'un propre, implique, même

(1) Demolombe, *contra*, II, p. 178.

dans cette hypothèse exceptionnelle, que les pouvoirs d'administration de la femme s'étendent à l'emploi de ce prix, même en immeubles.

Nous avons suffisamment indiqué la portée et les limites de l'exception; les discussions qui s'élèvent ont en général pour objet la question de savoir si tel contrat est un acte de libre administration; c'est ainsi qu'une acquisition d'usufruit, une constitution de rente viagère nous paraissent dépasser les pouvoirs d'un administrateur ; la question sera souvent surtout une question de fait, qu'il appartiendra aux juges d'apprécier.

. La nécessité de l'autorisation s'étend-elle aux *quasi-contrats?* On a soutenu, en l'absence de texte, et en s'appuyant sur l'art. 1124, que l'autorisation n'était requise que pour les contrats, puisque les art. 217 et suivants ne parlent que des contrats. Quant à nous, qui repoussons le prétendu principe de l'art. 1124, nous croyons que la question doit être, en l'absence de texte, résolue par les principes généraux.

Ainsi, nous déciderons que la femme sera valablement obligée par le fait d'un tiers. De même que la femme peut aliéner involontairement un immeuble par le fait d'un tiers qui en a prescrit la propriété, de même elle peut se trouver obligée par le fait d'un étranger qui a géré ses affaires. Comment le tiers serait-il soumis à la nécessité de demander l'autorisation du mari, puisqu'il n'a pas même à demander celle de la femme? La femme sera tenue en ce cas, suivant le droit commun; il se pourra que ce soit au delà de son profit, par exemple si le bien, utilement géré par le tiers, a ensuite péri sans sa faute.

Mais toutes les fois que la femme se trouve obligée par son fait personnel, alors nous exigeons l'autorisation maritale; car il y a un acte de volonté de sa part, aussi bien que dans le contrat, et les mêmes raisons d'exiger l'autorisation. Ainsi la femme qui a reçu en paiement l'indu ne nous paraît pas tenue de restituer au delà de ce qui lui a profité, car il y aurait là une obligation personnelle, née d'un fait personnel, aussi bien que l'obligation produite par un contrat.

Appliquerons-nous la même théorie aux *délits* et aux *quasi-délits*? Le mari ne pourrait en effet autoriser de tels faits; il ne pourrait, en refusant de le faire, paralyser l'action de la justice. Le mineur lui-même n'est pas restituable contre ces obligations-là (1). C'est qu'il existe un intérêt social non-seulement à la punition de la faute, mais à la pleine satisfaction fournie à la victime. Le droit du mari cède devant celui de la société.

En vertu du même principe, la femme sera suf-

(1) C. c., 1310.

fisamment capable de contracter les obligations qui lui seront directement imposées par la loi. Ainsi la mère ou autre ascendante fait partie du conseil de famille (1), la femme remariée peut être tutrice des enfants de son premier lit (2). La femme sera valablement obligée à raison de sa gestion.

Nous remarquerons en terminant que l'incapacité de la femme s'applique à la personne et non à l'acte lui-même. La femme mariée qui s'oblige aliène, contracte, au nom d'un tiers, soit comme mandataire, soit comme gérante d'affaires, est protégée contre les effets de l'acte; mais l'acte est valable et engage le tiers (3).

Le fondement de l'incapacité de faire aucun acte juridique repose, comme nous l'avons dit, sur la puissance maritale. Pothier disait : « La puissance que le mari a sur la personne de sa femme ne permet pas à sa femme de rien faire que dépendamment de lui (4). » Bouhier était encore plus précis : « Les bonnes mœurs et l'honnêteté publique ne permettent pas à la femme d'avoir communication d'affaires avec autrui sans le su et le congé de son mari (5). »

L'exception apportée au principe de l'incapa-

(1) C. c., 442.
(2) C. c., 396.
(3) C. c., 1990. Poth., *Puiss. du mari*, n° 49.
(4) Pothier, *Puiss. du mari*, 3.
(5) Coutume du duché de Bourgogne, XIX, 46-51.

cité par les articles 1449 et 1536 ne nous paraît point affaiblir cette théorie. La loi a pu prononcer ou permettre d'assigner certaines limites à la puissance maritale ? n'a-t-elle pas autorisé le père de famille à émanciper le mineur ? Et nul ne dira que la possibilité de l'émancipation n'empêche la puissance paternelle d'exister, d'être d'ordre public, impossible à abdiquer. Nous reviendrons plus tard en examinant les droits du mari sur les biens de la femme, sur les modifications qui peuvent résulter des conventions matrimoniales. Mais, disons-le immédiatement, tout ce qui est essentiel subsiste; la puissance elle-même subsiste également. La règle de l'autorisation, étrangère au droit romain parce qu'il n'avait jamais conçu nettement la puissance maritale, nous paraît l'un des caractères les plus remarquables de cette puissance.

## SECTION III.

### FORME DE L'AUTORISATION.

L'ancien droit était très-sévère et très-minutieux sur la forme de l'autorisation, au moins quand il s'agissait d'un contrat. L'emploi du mot « autoriser » était requis pour la validité de l'acte,

et Pothier discutait très-sérieusement si le terme
« habiliter » était équivalent (1).

Le Code n'est point entré dans ces subtilités.
Le terme employé importe peu; nous verrons
même que la formule écrite n'est pas nécessaire,
puisque l'autorisation peut être tacite. Le consentement du mari est l'essentiel; la loi elle-
même n'emploie pas toujours le mot autorisation (217, 934, 1426...).

S'ensuit-il que ce consentement pourra être
exprimé en toute espèce de forme ? Nous croyons
que le Code, sans exiger des termes sacramentels
« ad solemnitatem actus, » a pu et a dû fixer,
dans l'intérêt du mariage lui-même, pour éviter
des contestations pénibles entre époux, dans l'intérêt des tiers pour ne pas exposer la validité de
l'acte au caprice et aux fraudes du mari, le Code,
disons-nous, a fixé certains modes d'exprimer ce
consentement.

L'article 217 indique deux formes d'autorisation, le consentement par écrit, le concours du
mari dans l'acte.

Le consentement par écrit peut être donné par
acte sous seing privé, par lettre aussi bien que
par acte authentique. L'autorisation n'est pas un
mandat; alors même qu'on admettrait que le

______

(1) Pothier, *Puiss. du mari*, 68.

mandataire chargé de faire ou d'accepter une donation entre-vifs dût être muni d'une procuration authentique, l'autorisation est trop indépendante de l'acte pour que la même théorie puisse se
soutenir. L'article 217 n'exige aucune forme pour
l'écrit.

Mais nous n'admettons pas que l'autorisation
expresse puisse être accordée verbalement; non
pas que l'écrit, nous le répétons, soit une condition de solennité; mais la preuve de l'autorisation
verbale serait trop difficile.

L'autorisation tacite résulte du concours du
mari dans l'acte. En effet, ce concours suppose la
connaissance et l'approbation par le mari de l'acte
fait par la femme. C'est ainsi que nous n'avons
pas exigé d'autorisation pour la femme qui soutient un procès, comme défenderesse, contre son
mari, ou qui l'intente comme demanderesse de
concert avec lui.

Ce concours est d'ailleurs une question de fait
à apprécier par les tribunaux dont la preuve sera
faite par les voies de droit commun.

On admet généralement, comme dans l'ancien
droit, que la femme qui fait le commerce au vu et
au su de son mari est ainsi valablement autorisée.
Cette décision s'appuie sur la bonne foi qui préside aux actes des commerçants et sur la publicité
qui accompagne l'exercice de cette profession;

mais ce n'est pas à dire qu'elle doive être étendue au droit civil ; ici l'interprétation doit être stricte ; on ne peut appeler concours du mari dans l'acte le fait seul qu'il l'a connu et ne s'y est pas opposé.

En résumé, l'autorisation du mari, qu'elle soit expresse ou tacite, n'est pas une solennité de forme ; c'est un acte de consentement ; mais il importe qu'il n'ait rien d'incertain, et la loi a fixé elle-même la forme dans laquelle il peut être donné et les actes dont il peut résulter.

L'autorisation doit donc être certaine ; elle doit être en second lieu spéciale (1).

En effet, la puissance maritale est inaliénable et imprescriptible. Une autorisation générale serait une abdication totale ou partielle de la puissance maritale. Le mari n'a pas le droit de renoncer aux pouvoirs que la loi l'a chargé d'exercer dans la famille. Il ne peut non plus déserter ses devoirs de protection envers sa femme : il doit exercer un contrôle sur ses actes, ne les laisser faire qu'après examen, en connaissance de cause.

Les motifs de la règle servent à en déterminer l'étendue. Toute autorisation accordée par le mari à sa femme de faire tel acte juridique, donnée d'une manière générale, sera nulle : un mari ne

_________

(1) C. c., 223, 1538.

peut autoriser sa femme à aliéner, à hypothéquer, à tirer des lettres de change, à souscrire
des billets à ordre. « L'autorisation du mari doit
être spéciale pour tel ou tel acte (1). »

Un mari pourrait-il donner à sa femme l'autorisation d'aliéner tel et tel immeuble à son bon
plaisir, quand elle le jugera convenable? On s'est
demandé, dans une autre matière, si un père
pourrait donner à l'avance à son fils un consentement à son mariage avec la personne qu'il choi-
sira. Le mari n'a pas plus le droit d'abandonner
son droit de contrôle que le père de famille. Cette
autorisation serait générale et partant irrégulière.
« L'autorisation doit être spéciale en chaque
affaire (2). »

Mais l'àutorisation accordée par un mari à sa
femme de vendre actuellement tous ses immeubles, à telle personne, pour tel prix, ou même à
l'avance de les aliéner à charge de tel emploi des
fonds, nous paraît parfaitement valable. C'est là
la différence entre l'autorisation du mari et celle
du tuteur ou du curateur.

D'ailleurs, l'appréciation de la spécialité sera
souvent une question de fait qui résultera pour le
juge de l'intention des parties, du contrat, ou

(1) Pothier, Introd. au titre X de la cout. d'Orléans.
(2) Lebrun, Comm , 1I, 1, 4.

des circonstances dans lesquelles l'autorisation a
été donnée. Mais il convient de distinguer la spécialité requise pour une autorisation de celle qui
est exigée pour un mandat. Pour le mandat, ce
qu'il importe de savoir, c'est son étendue, puisqu'il ne confère un pouvoir que dans les termes
où il est conçu (1) ; peu importe que l'usage
qui en a été fait ait été ou non prévu. L'autorisation maritale, au contraire, c'est à l'acte qui
est intervenu qu'elle doit s'attacher, suivant tous
les anciens auteurs et suivant les principes que
nous avons exposés sur l'autorisation maritale.

L'autorisation doit être spéciale, aussi bien
entre époux qu'entre les époux et les étrangers.
Ainsi, on a prétendu que la femme pourrait donner à son mari un mandat illimité de donner,
d'emprunter ou d'aliéner. Ce mandat serait nul,
parce que l'autorisation du mari ne peut être générale. Le mari, dit-on, autorise sa femme taci-
tement dans chacun des actes qu'il fait en vertu
de ce mandat : sans doute, mais, à ce moment,
le consentement de la femme n'existe plus ; pour
qu'il y ait autorisation du mari, il faut qu'il y ait
volonté de la femme ; ce concours ne s'est rencontré que dans l'autorisation générale qui est nulle.

Ainsi, non-seulement l'autorisation du mari

(1) C. c., 1987, 1988.

doit être spéciale, mais le consentement de la femme doit l'être également. Ne convient-il pas que la femme soit consultée sur ses propres affaires? Nous le répétons, l'autorisation maritale n'est pas un despotisme, une usurpation ; pour que le mari contrôle par l'autorisation la volonté de sa femme, il faut que cette volonté existe, s'exprime ; le mari, par l'autorisation, ne peut se substituer à sa femme.

Le principe de la spécialité souffre une exception. Le mari peut autoriser d'une manière générale sa femme à faire le commerce. Cette autorisation habilite la femme à tous les actes juridiques, à contracter et à s'obliger, à aliéner même ses immeubles, dans l'intérêt de son négoce (1). Mais la femme marchande publique reste soumise à la nécessité de l'autorisation pour ester en justice.

Nous remarquerons que même cette autorisation générale n'a pas pour résultat de détruire la puissance maritale. Non-seulement elle ne s'étend qu'aux actes commerciaux ou faits dans l'intérêt du commerce, et laisse les actes étrangers au négoce sous la règle générale, mais, d'une part, elle doit être interprétée comme toute autorisation d'après ses termes, l'intention des parties, et, d'autre part, quelque large qu'elle fût, elle ne

(1) C. c., 220; C. com., 5.

saurait créer à la femme une personnalité commerciale, indépendante de celle du mari. Ainsi, tout d'abord, une femme autorisée simplement à faire le commerce ne nous paraît pas habile à contracter dans la suite une société commerciale sans nouvelle autorisation expresse ou tacite. En second lieu, une femme commerçante, valablement autorisée, ne pourrait pas former une société commerciale avec son mari, alors même qu'en fait, les époux auraient exercé réellement chacun un commerce distinct avant leur mariage. En effet, quand la femme ne fait pas un commerce séparé(1), elle n'est pas réputée marchande publique; la puissance maritale s'oppose à ce qu'elle ait toute sa liberté; contrainte d'obéir, elle ne serait, le plus souvent, qu'une gérante docile; elle ne peut être une associée, car la société à laquelle elle appartient, c'est la société conjugale qui, en droit, subordonne les volontés, et, en fait, confond les intérêts. En résumé, la femme même commerçante ne cesse pas d'être sous la dépendance de son mari.

La puissance maritale ne peut être déléguée pas plus qu'aliénée. Le mari ne pourrait donc donner à un tiers le mandat d'autoriser sa femme en toute occasion ou pour telle catégorie d'actes; mais il

(1) C. 220; C. com., 5.

n'est point obligé d'exercer sa puissance par lui-même, et il peut donner, pour chaque acte, procuration à un tiers d'autoriser sa femme, car alors c'est lui seul qui agit par l'intermédiaire de son procureur.

L'autorisation maritale peut être donnée, soit avant, soit dans l'acte même; peut-elle l'être après?

Nous avons dit que l'autorisation maritale n'était pas une formalité du contrat, que c'était une des conditions extrinsèques de sa validité. Examiner si l'autorisation peut être donnée postérieurement au contrat, et quel est l'effet de cette autorisation ultérieure, c'est étudier la nature de la nullité qui résulte du défaut d'autorisation, et non point seulement une condition de la forme du contrat. Nous examinerons cette question un peu plus loin.

L'autorisation maritale n'est pas irrévocable. Le mari a le droit de révoquer l'autorisation qu'il a donnée, pourvu que ce ne soit pas à contre-temps (arg. 1869, 1870); il peut demander à la justice de retirer celle qu'elle a accordée. Mais cette révocation n'a d'effets que pour l'avenir. La révocation ne saurait porter atteinte aux droits valablement acquis à des tiers. Elle ne serait même pas valable pour l'avenir si elle était un moyen de fraude; aussi dit-on généralement que, pour être opposée aux tiers, la révocation doit être entourée de la même publicité que l'autorisation elle-même. Mais ce n'est point là une publicité légale fondant une présomption ; alors même qu'elle n'aurait pas été rendue publique, la révocation serait opposable au tiers qui l'aurait connue.

Nous remarquerons aussi que l'autorisation qu résulte, pour la femme commerçante, de la gestion d'un négoce séparé ne saurait être révoquée par le mari, tant que cet état de fait subsiste ; c'est là, en effet, une règle toute dans l'intérêt des tiers ; mais le mari a le droit de faire fermer l'établissement de sa femme.

## SECTION IV.

### DE L'AUTORISATION DE JUSTICE.

L'autorisation de justice peut intervenir dans deux cas différents : lorsqu'il est impossible au mari d'accorder l'autorisation maritale, pour y suppléer, — lorsque le mari refuse l'autorisation ou qu'elle ne suffit pas, pour contrôler son droit et

*Sa.*                              14

confirmer son pouvoir. Le droit de la justice d'intervenir est fondé sur cette idée que toute puissance appartient à l'État, que les particuliers n'en ont que la délégation : « Le mari, dit Proudhon, n'est que le délégué de la loi dans l'usage du pouvoir dont elle l'a revêtu; la puissance publique, qui absorbe tous les pouvoirs particuliers, peut, à plus forte raison, les suppléer. »

§ I<sup>er</sup>. — L'autorisation de justice *supplée* celle du mari, lorsque celui-ci est absent ou même simplement non présent (C., 222), et qu'il est, par suite, impossible de recourir à lui (1). La justice n'agissant, en ce cas, qu'à défaut du mari, devrait refuser son autorisation, non-seulement s'il lui paraissait que la femme agissait en fraude du pouvoir marital et profitait habilement de l'absence de son époux, mais même, hors de toute hypothèse de fraude, si l'acte pour lequel l'autorisation est demandée ne présentait aucun caractère d'urgence et pouvait attendre le retour du mari.

La justice intervient encore lorsque le mari est, par suite de son incapacité personnelle, hors d'état de donner une autorisation. Il en est ainsi lorsque le mari est interdit, condamné à cer-

(1) Locré, *Législ.*, IV, 399 et 400.

taines peines, mineur, pourvu d'un conseil judiciaire.

1° *Interdiction*. L'interdit est incapable de donner son consentement ou de faire un acte juridique quelconque ; il est donc incapable d'autoriser
sa femme. Nous remarquons d'abord une situation curieuse. La femme qui en principe est, par
son sexe, incapable d'être tutrice, peut exercer la
tutelle de son mari interdit. Mais elle n'est
pas relevée de son incapacité comme femme
mariée. La justice remplacera son mari ; elle
devra se procurer son assentiment pour les
actes qu'elle fera, soit relativement à ses propres affaires, soit comme tutrice de son mari.

La règle s'applique sans difficulté à l'autorisation donnée postérieurement au jugement
d'interdiction ; pour les actes antérieurs, l'autorisation de justice ne pourrait être sollicitée, mais la validité en serait jugée suivant
les distinctions des articles 503 et 504 du Code
civil.

Le mari *enfermé dans une maison d'aliénés* est
comme l'interdit incapable de faire aucun acte
par lui-même (loi 30 juin 1838, art. 31 et seq.). Il
ne sera pas plus que l'interdit capable de donner
une autorisation valable. Nous remarquerons que
l'art. 39 de la loi de 1838, qui détermine le point
de départ de l'action en nullité de ses actes, ne

sera pas applicable à la femme, qui demeurera régie par le droit commun.

Nous assimilerons au mari interdit celui qui est *pourvu d'un conseil judiciaire*. C'était la décision de l'ancien droit; elle n'est pas contraire à la lettre du Code qui désigne dans plusieurs cas sous le nom d'interdits les individus munis d'un conseil judiciaire; elle est conforme à son esprit qui est d'exiger la même capacité pour autoriser un acte que pour le faire.

2° *Condamnation* (C. 221). Le condamné à une peine afflictive ou infamante est à la fois dans l'impossibilité d'exercer l'autorité maritale et en est indigne. Une controverse s'est élevée au sujet de l'une des deux peines infamantes édictées par le Code pénal, la dégradation civique (1). Cette peine entraîne-t-elle la perte du droit d'autorisation? Mais, d'une part, l'article du Code pénal qui énumère les déchéances et incapacités constituant cette peine (2), ne dit pas mot de la puissance maritale, — et c'est dans le Code pénal qu'il faut chercher la description des peines; — d'autre part, l'art. 221 du Code civil, le seul texte sur lequel on pourrait s'appuyer pour attribuer cet effet à la dégradation civique, exclut implicite-

(1) C. P., 8.
(2) C. P., 34.

ment cette peine de son énumération. En effet, l'art. 221 déclare que la justice donnera l'autorisation au lieu et place du mari « pendant la durée de la peine. » Ce n'est donc pas une déchéance perpétuelle que le Code civil a entendu édicter. Or la dégradation civique est perpétuelle comme peine principale, perpétuelle comme peine accessoire de toutes les peines afflictives ou infamantes (1); la perte du pouvoir d'autorisation serait donc dans tous les cas perpétuelle. Aussi pensons-nous que l'art. 221, fait antérieurement au Code pénal, ne s'applique pas à la dégradation civique.

D'ailleurs, pour les peines afflictives, l'interdiction légale qui les accompagne (2), enlevant au mari l'exercice de ses droits et le mettant en une véritable tutelle, aurait suffi pour le priver de ses droits de famille, sans l'art. 221.

L'art. 221 déclare la déchéance qu'il édicte applicable au condamné par contumace pendant la durée de sa peine. Quelle sera cette période? Ce sera, suivant nous, tout le temps pendant lequel, la peine n'étant pas prescrite, le contumace est exposé à en subir les effets.

3° *Minorité*. La minorité du mari est encore un des cas où l'autorisation est donnée par celle de

(1) C. P., 25.
(2) C. P., 28.

justice (C. 224). Il n'en était pas ainsi dans la
plupart des coutumes, où le mari, par le fait seul
du mariage, devenait habile à autoriser sa femme.
Le Code civil affranchit bien le mari et la femme
de la puissance paternelle (1), mais il ne leur confère pas la pleine jouissance de leurs droits. Le
mari n'ayant que la capacité d'un mineur émancipé, les rédacteurs du Code en ont conclu qu'il
ne pouvait autoriser sa femme à faire des actes
dont lui-même est incapable. Cet art. 224 est un
des principaux arguments employés pour prouver que la règle de l'autorisation ne repose pas
uniquement sur la puissance maritale ; mais c'est
parce qu'on part de cette idée que la puissance
maritale est nécessairement toujours une, identique, constante. Mais ne voyons-nous pas qu'elle
peut être modifiée ? qu'on en retire une partie au
mari absent, au mari interdit, au mari muni
d'un conseil judiciaire, au mari frappé d'une
peine infamante ? Pourquoi n'en serait-il pas de
même du mari mineur ? Puisqu'il reste soumis à
un régime de protection pour ses actes, pourquoi
ne le serait-il pas également pour l'autorisation à
donner à sa femme ? Pourquoi la puissance maritale entraînerait-elle nécessairement comme effet
l'habileté à autoriser des actes qu'il est inhabile à
faire par lui-même ? On ne conteste point que le

(1) C. c., 476.

mari mineur ne peut aliéner seul un immeuble commun, et cependant c'est de sa jouissance maritale qu'il tient le pouvoir de les aliéner. Il en est de même pour les actes de sa femme que pour les siens propres.

En effet, les auteurs qui voient dans la puissance maritale surtout une protection pour la femme, reconnaissent néanmoins que le mari mineur peut autoriser sa femme à faire les actes dont il est lui-même capable à raison de sa capacité de mineur émancipé. C'est là d'ailleurs un principe presque sans conséquence, les actes d'administration n'étant pas soumis à la nécessité de l'autorisation quand la femme a en vertu de son régime matrimonial le droit de les faire. Mais le mineur émancipé a, suivant nous, le droit d'intenter des actions mobilières et possessoires (1). Nous accorderons au mari mineur le droit d'autoriser sa femme à intenter ces actions; la femme d'ailleurs n'aura à exercer ces actions que sous le régime de séparation de biens et sous le régime dotal.

Il n'y a pas lieu de distinguer à cet égard entre les actes que le mineur peut faire avec la seule assistance de son curateur et ceux pour lesquels il lui faut en outre l'autorisation de son conseil de

(1) C. c., 482, 1428.

famille. Pour tous ces actes, c'est à l'autorisation de justice que la femme devra recourir.

Nous remarquerons que dans les cas où la femme sera incapable, par exemple, à cause de son interdiction, c'est le mari qui sera son tuteur (1).

Mais si le mari est exclu de la tutelle (2), nous croyons que le tuteur n'aura pas plus de droit que sa pupille, et devra demander l'autorisation maritale aussi bien que la femme; c'est une difficulté pratique, mais c'est la conséquence directe des principes qui donnent au mari un droit de contrôle sur les actes de sa femme, et le tuteur n'est en somme que le mandataire légal de sa pupille.

Si la femme est mineure, le mari est son curateur de par la loi. Si le mari refuse, ou ne peut exercer le rôle de curateur, nous estimons que le tribunal devrait nommer à la femme un curateur *ad hoc* pour chaque affaire (arg., article 2208).

§ 2. — L'autorisation de justice est un véritable *contrôle* de l'autorité maritale dans un certain nombre de cas. La loi a le droit et le devoir de protéger la femme contre les abus d'autorité.

Le premier cas et le plus fréquent, c'est celui

(1) C. c., 506.
(2) P. c., 444.

où le mari refuse son autorisation. Ce *veto* n'est pas définitif, il peut être irréfléchi et sans raison ; la femme a le droit de demander en ce cas l'autorisation du tribunal.

En second lieu, l'immeuble dotal inaliénable ne peut être aliéné par la femme avec l'autorisation de son mari, sauf pour l'établissement de ses enfants (1). Dans les autres cas où l'aliénation est permise (2), il faut, outre le consentement de la femme et l'autorisation du mari, la permission de justice. En effet, il ne s'agit pas seulement de purs rapports conjugaux : l'inaliénabilité du fonds dotal est fondée sur la loi ; elle a été établie contre le mari, dans l'intérêt de la famille; si l'autorisation du mari suffisait, la femme pourrait se laisser trop facilement entraîner à abandonner un bien qui est le patrimoine de ses enfants. Le tribunal intervient et accorde très-difficilement la permission d'aliéner.

§ 3. — Nous avons énuméré les cas où l'autorisation de justice supplée ou contrôle le droit du mari. Il en est quelques autres où l'autorisation de justice ne peut point remplacer celle du mari. Au mari seul appartient le droit d'autoriser la femme :

(1) C. c., 1555, 1556.
(2) C. c., 1558, 1559.

1° A aliéner ses biens dotaux pour l'établissement des enfants communs (1). On n'a pas ici requis l'intervention de justice parce que l'aliénation a précisément pour but de donner à l'immeuble dotal sa principale destination. On a jugé convenable de laisser le mari seul juge de cette opportunité, par égard pour la puissance paternelle.

2° A aliéner la pleine propriété des biens dotaux pour l'établissement des enfants de la femme. On n'a point voulu permettre à la justice de dépouiller le mari de son droit de jouissance dans l'intérêt d'enfants d'un premier lit, souvent mal vus par le second mari.

3° A accepter la charge d'exécuteur testamentaire (2), à moins que la femme ne soit séparée de biens. Les héritiers doivent trouver dans la responsabilité de l'exécuteur testamentaire une garantie de leurs intérêts. Or, si la femme mariée était commune en biens, par exemple, les héritiers n'auraient de recours que sur la nue-propriété de ses biens personnels (3). Que si elle est séparée de biens, sa fortune entière répondra de sa gestion.

4° A faire le commerce (4). Ici la puissance

(1) C. c , 1556.
(2) C. c , 1029.
(3) C. c., 1413, 1426.
(4) C. c., 220. C. com., 4.

maritale est le seul motif qui a fait repousser dans tous les cas l'autorisation de justice. La femme commerçante mène un genre de vie, a une personnalité, encourt une responsabilité qui peuvent ne point convenir au mari. Le chef de l'union conjugale a seul le droit d'y consentir, et, malgré les inconvénients de fait qui peuvent se présenter, la règle est sage et utile.

Ces motifs tout personnels, le mari peut seul les apprécier. Aussi nous n'accorderons pas en règle générale à la justice le droit de contrôler le retrait d'autorisation que le mari aurait infligé à sa femme commerçante. Il n'y a pas de raison de distinguer. La seule hypothèse où la justice aurait le droit d'intervenir, c'est si ce retrait était exercé en fraude des tiers. La fraude fait exception à tous les droits.

§ 4. — *Forme de l'autorisation de justice.* — Nous n'avons pas à entrer dans les détails de la procédure à suivre pour obtenir l'autorisation de justice ; nous ferons seulement ressortir quelques points qui intéressent notre sujet.

C'est devant la chambre du conseil que la demande se poursuit (C. pr., 861). M. Berlier en développait ainsi les motifs : « Cette procédure sera non-seulement sommaire, mais exempte d'une publicité que la qualité des parties et la nature des débats rendraient toujours fâcheuse. Ce sera devant la chambre du conseil que le mari sera cité, que les parties seront entendues et que le jugement sera rendu sur les conclusions du ministère public (1). » Le ministère public est toujours entendu (2) car l'affaire est de celles qui doivent lui être communiquées.

Lorsque la femme recourt à justice sur le refus du mari, elle devra au préalable faire constater ce refus, en adressant une sommation au mari de l'autoriser. Faute par lui d'y consentir, elle adressera une requête au président qui l'autorisera à citer le mari devant la chambre du conseil pour déduire les causes de son refus (3).

Si le mari est incapable, ou que le Code ait réservé le droit d'autoriser à justice, la citation du mari ne sera pas nécessaire ; mais par analogie de ce que le Code de procédure décide dans les cas d'absence et d'interdiction, nous déciderons qu'un juge devra être commis pour faire son rapport. D'ailleurs, même en ce cas, les juges pourront ordonner la comparution personnelle du mari ; ils devront recevoir son intervention dans l'instance, car il y est partie intéressée.

(1) Locré, t. XXIII, p. 152.
(1) C. pr., 862.
(5) C. pr., 861.

Si là femme agit comme défenderesse, sans être autorisée de son mari, le tribunal l'autorisera en statuant sur le fond. Est-ce à dire que l'autorisation ne soit qu'une simple formalité? Que les juges ne pourraient le refuser? En droit, sans aucun doute, les juges peuvent examiner l'utilité de l'autorisation et la refuser s'ils le jugent convenable. *A fortiori* ne peut-on pas dire que, par cela seul qu'ils ont laissé la femme plaider, ils l'ont autorisée; l'autorisation de justice ne peut jamais être tacite.

## SECTION V.

**EFFETS DE L'AUTORISATION.**

**§ 1er. — *Effets de l'autorisation maritale.***

**A *l'égard de la femme*,** l'autorisation a pour résultat de donner à ses actes la même valeur que si elle n'était point engagée dans les liens du mariage. Elle perd le droit de se prévaloir de l'incapacité qui résulte de son état de femme mariée.

D'ailleurs si elle a quelque autre moyen d'attaquer cet acte comme nul pour erreur, dol, défaut de forme, elle est recevable à s'en prévaloir.

L'étendue de l'autorisation s'appréciera d'après les termes dans lesquels elle a été donnée, expliqués, en cas d'ambiguïté, d'après les règles ordinaires de l'interprétation.

*A l'égard du mari*, l'autorisation a pour effet de rendre l'acte valable ; s'il est conforme à l'autorisation donnée, le mari ne peut l'attaquer comme portant atteinte à ses droits de chef.

L'autorisation n'engage pas la responsabilité du mari vis-à-vis de sa femme. « Qui auctor est, non se obligat ;» en effet l'autorisation n'a d'autre but que de lever l'incapacité de la femme.

Il se peut toutefois que le mari se trouve obligé par suite du régime matrimonial des époux ou par tout autre motif. Cet effet se produit sous le régime de communauté. Ainsi la femme marchande publique oblige aussi son mari s'il y a communauté entre eux (2); les biens de la femme sont en effet trop restreints pour être un gage sérieux ; la fortune commune est beaucoup plus considérable et pourrait induire les tiers en erreur. L'art. 1499 déclare que les dettes contractées par la femme autorisée de son mari tombent sous le régime de communauté dans le passif de communauté, et l'art. 1419 aux créanciers de la femme commune,

(1) C. c , 1426.

autorisée par son mari, le droit de poursuivre le paiement de leurs créances « tant sur les biens de la communauté que sur ceux du mari ou de la femme, sauf récompense. »

D'autre part, l'art. 1413 dispose que, si une succession purement immobilière échoit à la femme (et devant par conséquent s'ajouter à ses propres) les créanciers ne peuvent poursuivre leur paiement que sur la nue-propriété des biens personnels de la femme, si celle-ci n'a été autorisée que par justice au refus du mari ; que si la femme a été autorisée par son mari, ils pourront saisir la totalité de ses biens personnels, mais non ceux de la communauté ou du mari.

De ces divers articles on peut tirer la règle suivante que, sous le régime de communauté, l'autorisation du mari engage la responsabilité du mari sur ses biens personnels et ses biens communs (1419), à moins que l'engagement contracté par la femme ne concerne ses propres, et soit uniquement relatif à ses intérêts (1413, 1432).

Cette dérogation au principe que l'autorisation n'engage pas le mari s'explique par la nature du régime de communauté. Non-seulement sous ce régime, il serait difficile pour les tiers de distinguer ce qui appartient à la communauté et ce qui appartient au mari, mais nous admettons que la femme a un véritable droit de copropriété et peut engager les biens communs avec le consentement de son mari. Elle engage par suite les biens personnels du mari, attendu que le mari est, comme chef de la communauté, tenu personnellement de toutes les obligations dont celle-ci est grevée. Lorsque la femme n'agit que pour ses biens personnels, elle n'agit plus comme commune et n'engage plus la communauté.

La femme qui aliène ses propres avec l'autorisation de son mari n'engage donc la responsabilité ni du mari, ni de la communauté. Cette conséquence des principes que nous venons d'exposer résulte d'ailleurs de l'art. 1432.

Nous remarquerons en second lieu que toute autorisation donnée par le mari entraîne tout au moins l'abandon de son droit personnel de jouissance sur le bien en litige (1). C'est qu'en effet, alors, il est réputé mettre son propre intérêt en cause ; on ne peut supposer que le procès qu'il trouve bon pour sa femme, il ne le juge pas de même pour lui. Cet effet se produira sous tous les régimes, et le mari qui autorise sa femme soit à hypothéquer, soit à aliéner, soit à engager dans un procès un immeuble à elle propre ou dotal, dont il a lui-même la jouissance, engage par là même cette jouissance.

(1) C. c., 1413.

§ II. — *Effets de l'autorisation de justice.*

A l'égard de la femme, l'autorisation de justice produit les mêmes effets que celle du mari.

A l'égard du mari, l'autorisation de justice relève la femme de son incapacité, et prive le mari de son action en nullité.

Mais l'autorisation de justice ne saurait engager la responsabilité du mari, soit en son nom personnel sur ses biens, soit en sa qualité de chef de la société conjugale sur les biens communs, ou sur les biens dont il a la jouissance (1). C'est comme dans le cas d'une obligation née du délit ou du quasi-délit de la femme (1244).

Exceptionnellement, la responsabilité du mari est atteinte dans les quatre cas suivants :

1° La femme peut, avec l'autorisation de justice, engager les biens communs pour retirer son mari de prison. La loi a voulu donner à la femme le pouvoir de vaincre un sentiment, soit d'intérêt, soit de dévouement mal entendu. La règle de l'art. 1427 s'appliquera , sans aucun doute, à la libération du mari contraint par corps, dans le cas où cette contrainte est encore exercée (lois 1867 1872); nous

_______

(1) C. c., 1413, 1417.

ne verrions aucun motif pour ne pas l'appliquer également au cas où un décret de grâce accorderait au mari sa libération sous la condition de payer une certaine amende, ou une amende plus forte.

2° En cas d'absence du mari, la femme peut, avec autorisation de justice, engager les biens de la communauté pour doter les enfants communs (1). Elle est réputée alors agir au nom de son mari.

3° Si une succession, partie mobilière, partie immobilière, est échue à la femme commune, et qu'elle l'ait acceptée avec autorisation de justice, au refus du mari, les créanciers de la succession auront le droit d'agir sur les biens communs, et sur les biens du mari, dans le cas où ce dernier n'a pas fait l'inventaire du mobilier successoral (2). En effet, le mobilier tombant dans la communauté se confondra, à défaut d'inventaire, avec les biens communs et les biens du mari.

4° Enfin, le mari d'une femme séparée de biens qui lui a refusé l'autorisation d'aliéner un de ses immeubles, mais qui assiste ensuite au contrat fait sur l'autorisation de justice, est garant du défaut d'emploi ou de remploi du prix (3). Il y a,

(1) C. c., 1427.
(2) C. c., 1416.
(3) C. c., 1450.

en effet, présomption que le mari avait intérêt à l'acte, puisqu'il est venu, pour ainsi dire, le ratifier par sa présence.

Sauf ces cas exceptionnels, le principe demeure qu'en autorisant la femme, la justice n'engage ni le mari, ni la communauté, mais ne fait autre chose que lever l'incapacité de la femme, sans être le moins du monde responsable, soit vis-à-vis des tiers, soit vis-à-vis de la femme, de l'acte pour lequel elle l'a habilitée.

La justice n'est jamais responsable de l'autorisation qu'elle donne, car jamais elle ne peut s'y trouver le moins du monde intéressée.

SECTION VI.

EFFETS DU DÉFAUT D'AUTORISATION.

Le défaut d'autorisation entraîne la nullité de l'acte.

Cette nullité se produit alors même que la femme aurait dissimulé sa qualité, et aurait déclaré au tiers qu'elle était fille ou veuve; car un incapable ne peut, par une simple déclaration, se soustraire à la protection d'ordre public que la loi a instituée pour lui (1); nous maintiendrons la même

(1) C. c., 1307.

solution dans le cas où la femme passait pour fille ou pour veuve, à moins que le mariage n'ait été clandestin, ou que des manœuvres frauduleuses, constituant un délit ou un quasi-délit, n'aient été employées par la femme pour induire les tiers en erreur.

Ce n'est point au demandeur en nullité à prouver le défaut d'autorisation ; car la présomption, la règle, c'est l'incapacité de la femme mariée ; l'exception, c'est l'autorisation : « Reus in exceptione actor est. »

Mais si la nullité de l'autorisation était soutenue parce qu'elle était entachée de violence, ou parce que le mari était incapable, ce serait à celui qui demande cette nullité à en faire la preuve.

Quelle est la nature de la nullité résultant du défaut d'autorisation ? Elle était, avons-nous dit, dans l'ancien droit, considérée en général comme absolue, non susceptible de ratification, proposable par tout intéressé.

Cette nullité est aujourd'hui simplement relative ; en effet, elle ne peut être proposée que par certaines personnes ; elle peut être prescrite ou couverte par une ratification.

Les parties ne peuvent cependant y renoncer d'avance ; la prescription ne court pas contre elle pendant la durée du mariage.

Nous examinerons quelles personnes peuvent

proposer cette nullité, comment elle se demande et quelle prescription ou ratification peut la couvrir.

§ 1er. — « La nullité fondée sur le défaut d'autorisation ne peut être opposée que par la femme, par le mari ou par leurs héritiers. »

La femme demande la nullité parce qu'elle a été privée de la protection à laquelle elle avait droit ; ses héritiers recueillent son action dans son patrimoine.

Le mari demande la nullité parce que son autorité a été méconnue ; il la demande aussi parce qu'il est le chef et le gardien des intérêts matrimoniaux, c'est-à-dire du patrimoine de la famille, des intérêts de ses enfants, des intérêts de la femme elle-même : c'est à ce titre sans doute que les héritiers du mari qui peuvent être ses enfants, qui sont, à coup sûr, de sa famille, recueillent son droit d'exercer cette action. Maintenant il est difficile d'imaginer une hypothèse dans laquelle les héritiers du mari soient intéressés, et recevables dans leur action, parce que l'acte fait par la femme sans autorisation est pour eux *res inter alios acta*, inopposable au mari et par conséquent à ses héritiers ; les héritiers ne pouvant agir comme le mari dans le seul intérêt de l'autorité maritale méconnue, il faut qu'ils fassent valoir un intérêt pécuniaire pour pouvoir user de leur droit d'action.

Y a-t-il d'autres ayant-cause des époux qui puissent proposer la nullité ?

Les créanciers de la femme le peuvent, suivant l'opinion commune, bien que l'article 225 ne les nomme pas. En effet, en vertu de l'art. 1166, ils peuvent exercer tous les droits et actions de leur débiteur, sauf ceux exclusivement attachés à la personne. On ne saurait prétendre que l'action dont s'agit rentre dans cette dernière catégorie; en effet, elle a été accordée à la femme dans un intérêt purement pécuniaire, c'est à ce titre qu'elle est transmissible aux héritiers. Dira-t-on que la femme peut avoir un scrupule de conscience à se prévaloir d'une nullité qu'elle a faite ? Mais la loi permet aux créanciers d'opposer la prescription du chef de leur débiteur, bien qu'il puisse avoir un scrupule à faire valoir une prescription qui n'est souvent que la sanction d'une usurpation. Enfin l'art. 1338 dispose formellement que la confirmation d'une obligation entachée de cette nullité ne peut nuire aux droits des tiers; ces tiers ne sont pas, nous le verrons, les contractants; ce ne peuvent donc être que les créanciers.

Nous admettrons également les créanciers du mari; nous avons vu en effet que ce dernier n'avait pas un intérêt purement personnel à l'action;

l y a, avons-nous dit, aussi droit à raison du patrimoine dont il est le chef, patrimoine qui comprend pendant le mariage et ses biens et les biens communs. Mais comme ses héritiers, les créanciers du mari ne pourront intenter cette action que s'ils y ont un intérêt pécuniaire.

Mais le tiers qui a cautionné l'obligation de la femme ne pourrait intenter l'action en nullité (1), car il a contracté une obligation personnelle spéciale, et il ne peut opposer que les exceptions inhérentes à la dette, et non point celles dérivant de la personne du débiteur (2).

Le tiers qui a contracté avec la femme peut-il opposer le défaut d'autorisation ?

Il en était ainsi dans l'ancien droit et on en fondait la raison sur ce que l'autorisation était d'ordre public, d'une nécessité absolue.

A vrai dire, ce motif n'aurait pas grande valeur aujourd'hui. La tutelle du mineur, bien qu'elle soit d'ordre public, n'implique pas le droit pour les tiers de se prévaloir des actes qu'il fait seul.

Quoi qu'il en soit, il est certain que les articles 225 et 1125 refusent aux tiers le droit de se prévaloir de l'incapacité de leur cocontractant.

(1) C. c., 2012.
(2) C. c., 2036.

Les tiers autres que les contractants, les tiers détenteurs de l'immeuble hypothéqué, les tiers possesseurs du bien aliéné, ne pourront proposer la nullité pour défaut d'autorisation ; l'article 225 est, en effet, limitatif dans son énumération, et il n'y a aucune raison de faire une différence entre ces tiers et les contractants.

Que si le tiers est dépourvu de l'action en nullité, est-il absolument désarmé vis-à-vis de la femme autorisée, ou peut-il prendre quelque précaution pour se préserver de la nullité ?

Supposons d'abord une instance engagée par une femme non autorisée. Il ne nous paraît pas contestable que le défendeur peut demander par exception dilatoire qu'avant tout la femme soit tenue de rapporter l'autorisation de son mari ou de justice.

Si c'est le tiers lui-même qui intente le procès, il ne tient qu'à lui de mettre le mari en cause.

Supposons en second lieu un contrat ; le tiers a encore le droit de se défendre en refusant de contracter.

Mais le jugement est rendu ; le contrat est passé.

Le tiers ne pourrait sans aucun doute fonder un appel ou un recours contre le jugement sur le défaut d'autorisation de sa partie, car ce serait sous une forme ou sous une autre demander la nullité.

Mais une femme m'a vendu un immeuble sans être autorisée; elle réclame le paiement du prix qu'elle est capable de recevoir comme séparée de biens. Puis-je réclamer une caution ? Nous croyons que l'article 1653 devra être appliqué; il y a indubitablement là une juste crainte de trouble. C'est un fait; l'acheteur se prévaut de ce fait, et on ne peut dire qu'il demande indirectement la nullité du contrat.

Pourrait-on aller plus loin et dire que le tiers aura le droit d'interpeller la femme ou ses représentants d'avoir à prendre parti entre la validité ou la nullité du contrat?

Nous ne le croyons pas. En effet, ou bien ce serait demander la nullité, ou bien ce serait demander la ratification; or, la ratification ne peut être forcée, elle ne peut résulter que d'une déclaration expresse, ou d'un acte volontaire; donner à un tiers le droit de poursuivre la ratification, ce serait enlever à la femme toute la protection que la loi lui a accordée. Mais, dit-on, le tiers ne demande ni la nullité, ni la ratification; il demande simplement à la femme d'opter. Mais sur quoi peut-on se fonder pour condamner la femme à faire cette option ? Cet acte n'est nullement une conséquence ou une suite du contrat, dérivant de

sa nature (1135). La nature de ce contrat, c'es
d'être chancelant, incomplet. Cet acte attentá-
toire à la liberté de la femme, on ne peut le fonder sur l'intérêt public de la stabilité des contrats :
la loi a pris en considération cet intérêt d'ordre
public en restreignant l'action en nullité à un certain nombre d'années (1304) ; mais pendant toute
la durée du mariage, pendant les dix années que
la prescription n'est pas accomplie, la liberté de
la femme demeure intègre. Le tiers ne peut se
plaindre ; c'était à lui de s'assurer de la capacité
de la femme ; alors même qu'il a été de bonne foi,
alors même qu'il n'a pas été négligent, il n'y a
pas de motif pour que son intérêt l'emporte sur
celui de la femme. C'est en faveur de cette der-
nère et non en faveur des tiers que l'incapacité
a été instituée.

On a enfin soutenu que, tout au moins, la nullité pourrait être demandée par les tiers n'ayant
pas contracté avec la femme, car l'art. 1125 ne
refuse, dit-on, le droit de proposer ce moyen qu'aux
« tiers qui ont contracté avec la femme ; » et ils
n'ont aucune faute à se reprocher.

L'argument tiré de l'art. 1125 ne nous touche
pas ; nous l'avons dit, c'est un article de renvoi,
qui doit s'interpréter d'après les règles du mariage et de la minorité, auxquelles il se réfère
expressément ; nous avons constaté son inexacti-

tude, si on en fait l'énonciation du principe de l'incapacité de la femme ; il n'est pas plus complet comme principe de l'action en nullité : en effet, on pourrait aussi prétendre que la femme ne peut poursuivre la nullité que lorsque la loi lui en accorde le droit exprès ; or, elle le peut toujours (225) ; quant aux tiers, l'article, étant très général, n'a parlé que de l'hypothèse la plus saillante, de celle qui rentrait dans l'objet même du chapitre qui ne s'occupe que des contrats.

Mais l'art. 225 est absolu, et l'incapacité n'a pas été instituée en faveur des tiers, mais uniquement en faveur du mari et de la femme.

§ 2. — La nullité des jugements rendus contre une femme non autorisée ne peut être demandée que par les voies ordinaires de recours, c'est-à-dire l'opposition, l'appel, le pourvoi en cassation. Le mari ou ses ayant-cause auraient aussi le droit d'en demander la réformation par voie de tierce-opposition (C. pr., 474). Mais, la requête civile pour violation de forme (C. pr. c., 480-2°) ne serait pas ouverte aux parties, car ce n'est point là, nous le répétons, une question de forme, mais une question de capacité.

La nullité des contrats sera poursuivie par demande principale, ou opposée, par exception, suivant les formes ordinaires.

§ 3. — La nullité résultant du défaut d'autorisation est prescrite par l'écoulement de dix années,
à compter de la dissolution du mariage (1304-2),
soit quant au mari, soit quant à la femme. En
effet, l'art. 1304 parle des actes et non des personnes; les actes passés par les femmes mariées
non autorisées sont attaquables pendant dix ans,
à compter de la dissolution du mariage (1).

A l'égard de la femme, le point de départ a sa
raison d'être, dans le même motif que celui de
l'action en nullité, pour cause d'erreur ou de violence; il faut que le fait qui cause la nullité ait
cessé; ce fait, c'est pour la femme le mariage;
à sa dissolution seulement, elle aura recouvré sa
pleine liberté, et sera maîtresse de ses actes.

A l'égard du mari, la prescription ne peut
courir pendant le mariage, parce que ce serait un
échec à son autorité; ce serait un moyen détourné
pour la femme de s'y soustraire. Après le mariage,
le même intérêt n'existe plus.

La nullité résultant du défaut d'autorisation
peut être couverte par une ratification dans les
termes de l'art. 1338, c'est-à-dire soit par une
renonciation expresse à l'action, soit par la confirmation, soit par l'exécution volontaire de l'acte.
Cette nullité, n'étant pas une nullité de forme,

(1) Vide 1676, exception.

comme dans le cas d'une donation (1339), et ne tenant qu'à un défaut de consentement, est certainement susceptible de ratification.

Examinons successivement les effets de la confirmation, ou de la ratification faite par le mari ou par la femme.

La ratification du mari peut intervenir pour un acte dont l'autorisation a été accordée par la justice seule, ou pour lequel aucune autorisation n'a été accordée.

Dans le premier cas, l'acte n'était pas nul; mais le mari renonce à la tierce-opposition.

Dans le second cas, l'effet de la ratification sera-t-il absolu, fera-t-il perdre, en un mot, non-seulement au mari, mais à la femme son action en nullité?

Si la ratification survient après la dissolution du mariage, elle n'est point un acte de puissance maritale; elle est uniquement une renonciation par le mari à son action; elle ne peut entamer le droit de la femme ou de ses ayant-cause.

La ratification ne produira pas plus d'effet si elle est postérieure à l'action en nullité intentée par la femme; la recevabilité de l'action s'apprécie, en effet, à l'époque de la demande.

La jurisprudence va plus loin et déclare que les droits de la femme à l'action en nullité restent entiers lorsque le mari ratifie pendant le mariage l'acte nul faute d'autorisation.

Cette solution était acceptée dans l'ancien droit par les coutumes, qui voyaient dans l'autorisation une solennité de forme ; ce n'est point ce motif qu'on fait valoir aujourd'hui.

On se fonde sur ce que la femme qui a agi sans autorisation a donné un consentement imparfait, incomplet, quand elle n'a pas été assistée du conseil de son mari ; que dès ce moment elle a acquis un droit en raison de son incapacité, et qu'elle ne peut en être privée par le fait d'un tiers, fût-ce même de son mari.

On s'appuie, en second lieu, sur la rédaction de l'article 217 et l'on invoque la suppression dans le texte définitif de cette phrase contenue dans le projet primitif : « Le consentement du mari, quoique postérieur à l'acte, suffit pour le valider. »

Enfin on invoque cette considération pratique que souvent la ratification ultérieure du mari sera obtenue à prix d'argent par des tiers intéressés à empêcher la femme de se prévaloir de la nullité.

Quelque sérieux que soient ces arguments, ils ne nous paraissent pas cependant convaincants.

En effet, si nous prenons d'abord les considérations secondaires, elles ne nous paraissent pas bien puissantes. Si les tiers colludent avec le mari, la femme pourra attaquer la ratification frauduleuse ; cela n'est point douteux. L'argument de texte n'est pas décisif. Rien dans la discussion n'indique pourquoi la phrase du projet a été supprimée ; il semble même que la nouvelle rédaction adoptée, l'interversion des deux membres de phrase précédents ( « sans le concours du mari dans l'acte, ou sans son consentement par écrit, » substitué à « sans le consentement par écrit ou le concours du mari dans l'acte » ), ait eu pour conséquence de rendre inutile la phrase en question. Nulle limite n'est indiquée à l'époque à laquelle peut intervenir le consentement par écrit du mari.

La considération de droit ne nous paraît pas bien solide ; si, en effet, le consentement de la femme est imparfait, incomplet, c'est par rapport au mari ; quand ce consentement intervient, il ne manque absolument rien à l'acte pour être valable.

De même, le consentement des parents à un mariage contracté sans leur aveu enlève aux enfants le droit d'en demander la nullité (1), alors même qu'ils seraient mineurs. De même l'acceptation du donataire enlève au donateur le droit de la révoquer, bien que cette acceptation soit postérieure et isolée de la donation.

(1) C. c., 183.

Le concours du mari dans l'acte (217) sera souvent postérieur à cet acte, par exemple dans le cas où la femme tire un billet à ordre sur son mari, et cependant nul ne prétendra que la femme dans ce cas ait une action en nullité.

En somme, la loi exige deux consentements, celui du mari, celui de la femme ; nulle part elle n'exige qu'ils soient simultanés ; quand ces deux consentements ont été donnés, l'acte est parfait *erga omnes*.

La ratification de la femme ne pourra être donnée pendant le mariage, avec le consentement du mari.

La justice pourra-t-elle ratifier, sur la demande de la femme, une obligation nulle, faute d'autorisation ? Cela n'est point douteux ; la femme perd par suite son action en nullité ; mais quel effet cet acte produit-il vis-à-vis du mari ?

On décide généralement que son action en nullité ne subsiste pas. On se fonde sur ce que la ratification ne peut avoir lieu sans préjudice du droit des tiers (1338) et sur le respect de l'autorité maritale. Quant à nous, nous serions porté à adopter le système contraire. Il est en effet certain que la justice peut non-seulement suppléer, mais contrecarrer l'autorité maritale, puisqu'elle a le droit d'accorder l'autorisation refusée par le mari. Et nul ne prétend que le mari soit un tiers auquel cette autorisation ne fasse pas perdre son action en nullité. Il en est de même ici ; l'autorisation de justice rend le consentement de la femme parfait aussi bien que l'autorisation du mari.

## CHAPITRE IV.

### DROITS DU MARI SUR LES BIENS.

Les droits du mari tant sur les biens de la femme que sur les biens matrimoniaux ne sont point un effet de la puissance du mari sur sa femme ; ils sont simplement une conséquence du rôle que joue le mari dans la société conjugale. Comme *chef du ménage*, il a la jouissance de certains biens, la disposition d'une partie du patrimoine, et il doit en revanche pourvoir aux besoins de la famille. Cette distinction entre les deux fonctions du mari, l'article 1388 la fait, et il distingue la puissance maritale sur la personne de la femme des droits qui appartiennent au mari comme chef. L'étude de ces priviléges de la puissance maritale ne rentre donc point proprement dans le point de vue que nous nous sommes proposé.

*Sa.* 16

Cependant nous avons signalé l'influence considérable qu'en fait la situation de chaque époux, par rapport à ses biens, pouvait exercer sur leurs rapports respectifs ; c'est ce fait qui autorise l'intervention de la loi dans les régimes matrimoniaux, et nous conduit nous-même à jeter un rapide coup d'œil sur ce sujet.

Le Code civil n'a pas été, comme la loi romaine, jusqu'à prescrire un seul et unique régime de biens : il a recueilli de nos diverses coutumes non-seulement le régime dotal venu de Rome, mais le régime de communauté et certains régimes intermédiaires. Il a institué un régime légal, pour le cas où les parties n'en fixeraient pas; mais il leur a laissé le droit d'en choisir quelque autre. Il n'a même point limité leur droit d e choix aux régimes dont il retraçait les règles, il a permis de combiner ces régimes entre eux, ou d'imaginer toute autre combinaison, tout autre système. Le régime légal lui -même n'est qu'une présomption de la volonté des parties. Le principe, c'est donc la liberté des conventions matrimoniales : « La loi ne régit l'association conjugale, quant aux biens, qu'à défaut de conventions spéciales que les époux peuvent faire comme ils le jugent convenable (1). »

(1) C. c., 1387.

Des limitations sont immédiatement apportées à cette liberté, et, grâce à celle de l'article 1388, qui interdit de déroger aux droits « qui résultent de la puissance maritale ou qui appartiennent au mari comme chef, » nous verrons qu'en somme les époux ne peuvent guère aller au delà d'une combinaison des divers régimes entre eux. Nous allons retracer en quelques traits les principaux régimes indiqués au Code.

1° Régime de communauté. C'est le régime de droit commun, par conséquent, celui que le législateur a désigné comme le type le plus parfait.

Le régime de communauté est celui dans lequel les patrimoines des époux sont le plus intimement unis et confondus.

Les époux mettent en commun leur mobilier, les fruits, revenus, intérêts de tous leurs biens, et les immeubles qu'ils acquièrent pendant le mariage autrement que par succession ou donation.

Les immeubles qu'ils possédaient avant le mariage, et ceux qui leur sont échus depuis à titre gratuit forment les biens propres de chacun d'eux.

Une clause d'ameublissement peut même faire entrer dans la communauté tout ou partie des immeubles propres.

La communauté peut, à l'inverse, être restreinte à certains biens seulement, si elle est réduite aux acquêts, ou aux biens présents, ou aux biens à venir.

Le mari a seul la disposition des biens communs, qui, comme on l'aura remarqué, comprend la jouissance des propres de la femme et les acquêts des deux époux. Il peut les vendre et les hypothéquer librement ; il peut les dissiper à son gré. Quelques restrictions sont seulement apportées à son droit de disposition à titre gratuit (1).

Le mari a en outre un certain droit sur les biens propres de la femme, il en a l'administration et l'usufruit ; le droit de disposition demeure à la femme, autorisée de son mari ou de justice.

On peut donc dire que sous le régime de la communauté légale le mari a l'administration et la jouissance de tous les biens.

2° *Régime dotal*. Ce régime ne fut pas adopté sans quelque difficulté ; à l'inverse du régime de communauté, il laisse les patrimoines distincts ; la masse commune ne se compose que de revenus. On distingue deux sortes de biens, les biens dotaux et les biens paraphernaux.

Les biens dotaux sont ceux que la femme apporte au mari ou qui lui sont constitués par des tiers pour supporter les charges du mariage. Les biens dotaux forment donc le fonds conjugal ;

(1) C. c., 1422, 1423.

mais, à la différence de ce qui existait en droit romain, la propriété en repose sur la tête de la femme, à moins de convention contraire.

Inaliénables pendant la durée du mariage, ils sont destinés à la famille qui en doit sortir.

C'est au mari comme chef qu'en sont dévolues l'administration et la jouissance ; ses pouvoirs d'administration sont fort larges, puisque seul il a droit de poursuivre les détenteurs et débiteurs des biens dotaux, et de recevoir les remboursements des capitaux ; son droit de jouissance est un usufruit (1562), sauf quelques légères différences (1571, 1550).

L'inaliénabilité n'est pas essentielle ; elle est seulement présumée pour les biens dotaux.

Les biens paraphernaux de la femme sont tous ceux qui n'ont pas été expressément constitués en dot par le contrat de mariage.

La femme en a la propriété, l'administration et la jouissance, mais elle ne peut les aliéner (ou les hypothéquer) ni paraître en justice à leur sujet sans l'autorisation du mari.

Grâce à la nécessité de l'autorisation, les biens paraphernaux sont donc loin d'être aussi complétement dérobés à tout droit de surveillance du mari que dans le droit romain.

3° *Régime exclusif de communauté*. Comme sous le régime dotal, la masse conjugale ne se compose que d'usufruit (1). Tous les biens de la femme lu restent propres, mais le mari en a la jouissance et l'administration.

4° *Régime de séparation de biens*. Sous ce régime la fortune des deux époux reste distincte. La femme a le gouvernement de sa fortune, la jouissance comme l'administration des biens. Mais c'est encore au mari qu'appartient la disposition du fonds conjugal, fonds composé d'une partie des revenus de la femme, le tiers à défaut de convention contraire, et des biens du mari. De plus, le mari a sur le gouvernement de la femme un droit de contrôle par la nécessité où est cette dernière de demander son autorisation pour toute aliénation ou toute hypothèque.

Ainsi, on le voit, sous tous les régimes, la direction des intérêts communs ne peut être confiée qu'au mari.

Sous aucun régime la femme n'a le droit de disposer de ses immeubles ou d'ester en justice à leur sujet sans autorisation de son mari ou de justice; son indépendance ne dépasse pas le droit d'administrer.

Ce sont là, en somme, les deux limites que la convention ne peut dépasser; le mari comme chef a le droit de gouverner le fonds conjugal; il a un

(1) C. c., 1530.

droit de surveillance sur la propriété des biens propres de la femme, qu'il en ait ou non la jouissance. Voilà les deux attributs essentiels de la puissance maritale sur les biens. Ce sont les droits qu'il exerce en vertu de sa qualité de chef et qui ne peuvent lui être enlevés ; la convention fixera quels seront les biens qui formeront cet avoir conjugal, le vœu de la loi est qu'il soit le plus considérable possible. Le mari aura par suite, en fait, un pouvoir plus ou moins étendu, et on conçoit quel abîme existe entre le régime où le fonds conjugal comprend des immeubles, des capitaux, et celui où il ne s'étend qu'à des revenus et à des fruits.

La puissance maritale entraîne t elle un troisième privilége? Comprend-elle le droit d'administrer les biens propres de la femme? Nous avons constaté que, sous le régime de communauté et sous le régime exclusif de communauté, le mari a ce pouvoir, qu'il ne l'a pas sous les deux autres. C'est donc un droit qui peut appartenir au mari, ou ne pas lui appartenir, c'est un droit que la convention fixe.

Mais, dit-on, l'art. 223 suppose qu'en tout cas c'est un démembrement, une délégation de la puissance maritale, puisqu'il appelle le pouvoir de la femme en ce cas une « autorisation générale d'administrer ses biens. »

Pour nous les termes de l'art. 223 nous paraissent fort impropres; en effet, cet article dit : « Toute autorisation générale même stipulée par contrat de mariage n'est valable que quant à l'administration des biens de la femme. » Or quand le mari peut-il durant le mariage donner à la femme l'autorisation d'administrer ses biens propres ? Jamais, car, ou bien la femme a le droit d'administrer ses biens en vertu de son contrat de mariage, et alors elle n'a pas besoin d'autorisation, ou elle n'a pas ce droit, et alors ce n'est plus une autorisation qu'il lui faut ; elle a besoin d'un mandat du mari, car c'est le droit du mari et non son droit à elle qu'elle exerce. Que si « l'autorisation d'administrer » existe au profit de la femme en vertu du contrat de mariage, comment dire que ce soit un mandat du mari à la femme, un démembrement consenti par lui de sa puissance maritale ? Ce droit, il ne l'a jamais eu, comment pourrait-il le déléguer, l'abandonner ?

La véritable et la seule portée de cet article, c'est de prohiber les autorisations générales, et, en particulier, de dénier à la femme la capacité d'aliéner jamais ses immeubles sans l'autorisation spéciale de son mari et de justice. Ce n'est, au fond, qu'une énonciation moins claire du principe contenu dans l'art. 1538.

Le terme *autorisation générale* est donc aussi

impropre, quand il s'applique au droit appartenant à la femme par contrat de mariage ou par
décision de justice, que quand il s'applique au
mandat qui lui est conféré par le mari.

Alors, dit-on, puisque le mari ne tient pas ses
droits de sa puissance maritale, il n'administre
la fortune de sa femme que comme procureur,
comme mandataire. Cette solution nous paraît, en
effet, la plus juste; elle est seule conciliable avec
les termes formels de l'art. 1388. Elle explique, en
outre, la différence qui existe entre les pouvoirs
d'administration du mari sur les biens communs,
et ceux qu'il a sur les biens propres de la femme.
Tandis que la mauvaise gestion du fonds commun
n'entraîne aucune espèce de responsabilité envers
la communauté, parce que là le mari est chef, est
seigneur et maître, le mari est responsable envers
sa femme de l'administration de ses biens propres; il doit les gérer en bon père de famille; il
doit empêcher leur dépérissement; il doit veiller à
ce que la prescription ne s'en accomplisse pas au
profit d'un tiers (2254). C'est donc qu'il ne tient
pas ses pouvoirs d'administration de lui-même;
il les tient de sa femme. Ce pouvoir d'administration peut être un instrument de plus donné à la
puissance du mari comme chef, mais ce n'en est
pas un élément essentiel.

La puissance maritale a aussi sa limite; sous

aucun régime, le mari ne peut aliéner seul les biens propres de la femme; il n'en est pas, en effet, propriétaire; la femme seule peut les aliéner. Le droit, pour la femme, de renoncer à la communauté lors de sa dissolution, de demander pendant le mariage la séparation judiciaire de ses biens, si sa dot est mise en péril, et lorsque le désordre des affaires du mari donne lieu de craindre que ses biens ne soient pas suffisants pour remplir les droits et reprises de la femme.

Enfin, la prohibition de toute modification aux conventions matrimoniales (1395), la révocabilité, pendant le mariage, de toute donation faite par un époux à l'autre, et sans nécessité pour la femme de se faire autoriser, l'interdiction même des contrats de vente (1595), et d'échange (1707), entre époux (1096), assurent la stabilité de l'autorité maritale, la dignité et la bonne concordance des mariages.

L'hypothèque légale est une garantie sérieuse donnée à la femme mariée; mais elle a perdu le douaire; ses droits successoraux sont encore ceux qu'elle avait en droit romain, et la capacité de recevoir entre époux est soumise à une limitation exagérée (1094, 2e alinéa).

# POSITIONS

---

### DROIT ROMAIN.

I. La *manus* fait sortir la femme de sa famille.

II. La *manus* ne se confond pas avec l'autorité maritale.

III. La *manus* n'est pas un pur régime de biens, mais confère un droit de puissance sur la personne.

IV. La *manus* ne diffère pas de la *patria potestas*, quant à l'abandon noxal et à la possession de la personne.

V. La juridiction domestique n'appartient pas au mari dans les mariages sans *manus*.

VI. L'interdiction d'hypothéquer le fonds dotal a son origine dans le sénatus-consulte Velléien.

VII. La loi Claudia a supprimé la tutelle légitime des femmes et non pas seulement la tutelle « *cessitia*. »

VIII. La loi *Julia de adulteriis* n'a pas supprimé le *jus vitæ necisque* du mari.

### DROIT CIVIL.

I. Le changement de nationalité du mari n'entraîne pas celui de la femme.

II. La femme française ne peut se faire naturaliser à l'étranger sans le consentement de son mari, alors même qu'elle est séparée de corps.

III. Un jugement, ordonnant la réintégration du domicile conjugal, peut être exécuté *manu militari*.

IV. L'autorisation maritale a son fondement dans la puissance du mari.

V. La femme séparée de biens n'a le droit de disposer de son mobilier que dans la limite de ses pouvoirs de libre administration.

VI. La femme séparée de biens peut acquérir des immeubles avec ses capitaux mobiliers.

VII. Le tiers acheteur d'un bien vendu par une femme non autorisée peut refuser de payer le prix, tant que la femme ne rapporte pas une autorisation.

VIII. La prescription de dix ans ne court, contre l'action en nullité du mari, qu'à compter de la dissolution du mariage.

IX. La ratification par le mari enlève à la femme son action en nullité. La ratification par justice produit le même effet à l'égard du mari.

### PROCÉDURE CIVILE.

I. L'autorisation d'ester en justice n'est pas nécessaire pour les actes conservatoires ; mais elle l'est pour les actes d'exécution.

II. Le jugement accordant ou refusant l'autorisation peut être rendu à la chambre du conseil.

### DROIT COMMERCIAL.

I. La femme autorisée à faire le commerce ne peut être associée de son mari commerçant.

II. La justice ne peut autoriser une femme mariée à faire le commerce.

## DROIT PÉNAL.

I. Un mari peut être inculpé des crimes ou délits d'arrestation, de détention et de séquestration illégales commis sur la personne de sa femme.

II. Le retrait de la plainte par le mari, ou la mort de la femme pendant l'instance, met fin à toutes les poursuites en adultère.

III. La plainte en adultère du mari contre sa femme donne au ministère public le droit de rechercher le complice.

IV. La partie civile qui a cité en police correctionnelle une femme mariée, n'a pas besoin d'assigner le mari.

V. La dégradation civique n'entraîne pas l'incapacité, pour le mari, d'autoriser sa femme.

## DROIT ADMINISTRATIF.

I. L'art. 75 de la Constitution de l'an VIII ne s'appliquait pas aux ecclésiastiques.

II. Un ecclésiastique, poursuivi pour un fait constituant à la fois un abus et un délit de droit commun, doit être déféré au conseil d'État avant d'être traduit devant les tribunaux ordinaires.

III. Un tribunal correctionnel peut ordonner une enquête, sur la question de savoir si le fait incriminé a été commis dans l'exercice du culte, et ce jugement ne peut autoriser l'élévation du conflit.

*Vu par le doyen de la faculté,*
G. COLMET-D'AAGE.

*Vu par le président de la Thèse,*
J. LABBÉ.

PERMIS D'IMPRIMER :

*Le vice-recteur de l'Académie de Paris,*
A. MOURIER.

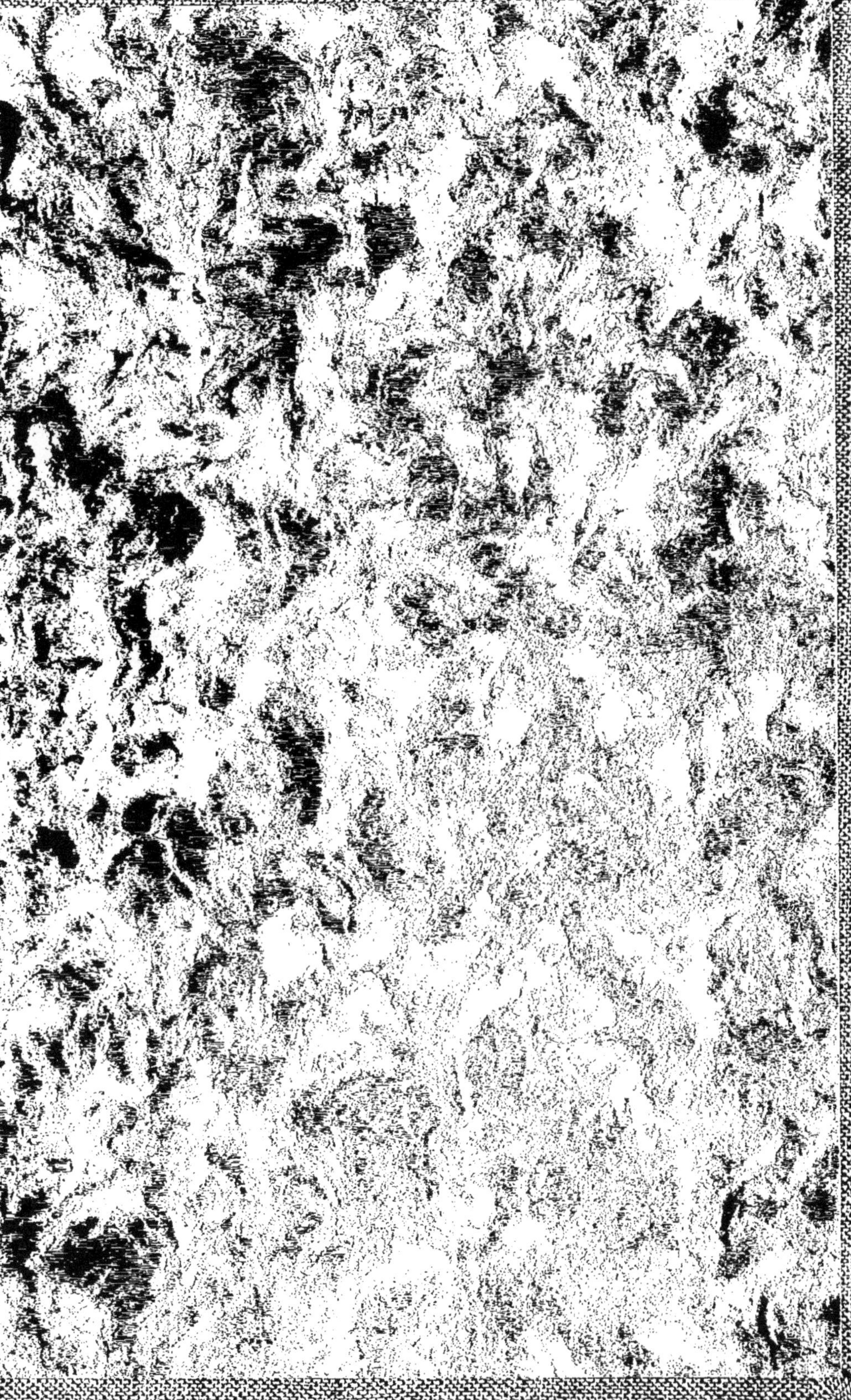